陕西省公共服务信息指南系列

内资企业登记提交材料及文书规范

陕西省工商行政管理局

西安交通大学出版社
XI'AN JIAOTONG UNIVERSITY PRESS

内容提要

本书依据国家工商行政管理总局和陕西省工商行政管理局最新商事制度改革的相关政策编写，简洁、系统地介绍各类内资企业在注册登记及公司注销等流程中所要提交的材料及文书规范，为企业的开设、变更、注销等提供规范性指南。

图书在版编目（CIP）数据

内资企业登记提交材料及文书规范/陕西省工商行政管理局编. —西安：西安交通大学出版社，2017.1

ISBN 978-7-5605-9399-9

Ⅰ.①内… Ⅱ.①陕… Ⅲ.①企业登记-基本知识-中国 Ⅳ.①F279.2

中国版本图书馆 CIP 数据核字（2017）第 024485 号

书　　名　内资企业登记提交材料及文书规范
编　　者　陕西省工商行政管理局
项目策划　张瑞娟　张鸿南
责任编辑　贺彦峰　陈　昕

出版发行　西安交通大学出版社
（西安市兴庆南路 10 号　邮政编码 710049）
网　　址　http://www.xjtupress.com
电　　话　（029）82668357　82667874（发行中心）
（029）82668315（总编办）
传　　真　（029）82668280
印　　刷　西安新华印务有限公司

开　　本　880mm×1230mm　1/32　**印张**　4.25　**字数**　89 千字
版次印次　2017 年 2 月第 1 版　2017 年 2 月第 1 次印刷
书　　号　ISBN 978-7-5605-9399-9
定　　价　21.00 元

读者购书、书店添货、如发现印装质量问题，请与本社发行中心联系、调换。
订购热线：（029）82665248　（029）82665249
投稿热线：（029）82668284

目 录
CONTENTS

上 篇 内资企业登记提交材料规范

一、公司登记提交材料规范 /2

公司设立登记提交材料规范 /2

公司变更登记提交材料规范 /6

公司注销登记提交材料规范 /10

公司撤销变更登记提交材料规范 /12

公司合并、分立提交材料规范 /13

二、非公司企业登记提交材料规范 /19

非公司企业开业登记提交材料规范 /19

非公司企业变更登记提交材料规范 /23

非公司企业注销登记提交材料规范 /26

三、非公司企业法人按《公司法》改制登记提交材料规范 /29

四、企业备案提交材料规范 /32

五、合伙企业登记提交材料规范 /36

六、个人独资企业登记提交材料规范 /43

七、其他登记事务相关材料规范 /49

下篇 内资企业登记文书规范

一、公司登记（备案）申请书 /52
二、公司注销登记申请书 /62
三、分公司登记申请书 /65
四、非公司企业法人登记（备案）申请书 /72
五、非公司企业法人注销登记申请书 /80
六、营业单位登记申请书 /83
七、非公司企业法人改制登记申请书 /90
八、合伙企业登记（备案）申请书 /98
九、个人独资企业登记（备案）申请书 /116
十、个人独资（合伙）企业分支机构登记申请书 /124

上篇

内资企业登记提交材料规范

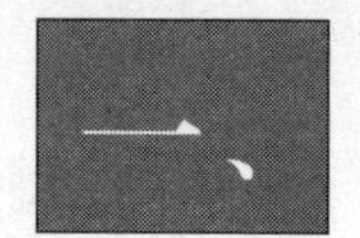

一、公司登记提交材料规范

公司设立登记提交材料规范

【有限责任公司设立登记提交材料规范】

1. 公司登记（备案）申请书。

2. 指定代表或者共同委托代理人授权委托书及指定代表或委托代理人的身份证件复印件。

3. 全体股东签署的公司章程。

4. 股东的主体资格证明或者自然人身份证件复印件。

◆ 股东为企业的，提交营业执照复印件。

◆ 股东为事业法人的，提交事业法人登记证书复印件。

◆ 股东为社团法人的，提交社团法人登记证复印件。

◆ 股东为民办非企业单位的，提交民办非企业单位证书复印件。

◆ 股东为自然人的，提交身份证件复印件。

◆ 其他股东提交有关法律法规规定的资格证明。

5. 董事、监事和经理的任职文件（股东会决议由股东签署，董事会决议由公司董事签字）及身份证件复印件。

6. 法定代表人任职文件（股东会决议由股东签署，董事会决议由公司董事签字）及身份证件复印件。

7. 住所使用证明。

8. 企业名称预先核准通知书。

9. 法律、行政法规和国务院决定规定设立有限责任公司必须报经批准的，提交有关的批准文件或者许可证件复印件。

10. 公司申请登记的经营范围中有法律、行政法规和国务院决定规定必须在登记前报经批准的项目，提交有关批准文件或者许可证件的复印件。

注：

依照《公司法》《公司登记管理条例》设立的有限责任公司适用本规范。一人有限责任公司和国有独资公司参照本规范提供有关材料。

【股份有限公司设立登记提交材料规范】

1. 公司登记（备案）申请书。

2. 指定代表或者共同委托代理人授权委托书及指定代表或委托代理人的身份证件复印件。

3. 由会议主持人和出席会议的董事签署的股东大会会议记录（募集设立的提交创立大会的会议记录）。

4. 全体发起人签署或者出席股东大会或创立大会的董事签

字的公司章程。

5. 发起人的主体资格证明或者自然人身份证件复印件。

◆ 发起人为企业的，提交营业执照复印件。

◆ 发起人为事业法人的，提交事业法人登记证书复印件。

◆ 发起人股东为社团法人的，提交社团法人登记证复印件。

◆ 发起人为民办非企业单位的，提交民办非企业单位证书复印件。

◆ 发起人为自然人的，提交身份证件复印件。

◆ 其他发起人提交有关法律法规规定的资格证明。

6. 募集设立的股份有限公司提交依法设立的验资机构出具的验资证明。涉及发起人首次出资是非货币财产的，提交已办理财产权转移手续的证明文件。

7. 董事、监事和经理的任职文件及身份证件复印件。

◆ 依据《公司法》和公司章程的规定，提交由会议主持人和出席会议的董事签署的股东大会会议记录（募集设立的提交创立大会的会议记录）、董事会决议或其他相关材料。其中股东大会会议记录（创立大会会议记录）可以与第3项合并提交；董事会决议由公司董事签字。

8. 法定代表人任职文件（公司董事签字的董事会决议）及身份证件复印件。

9. 住所使用证明。

10. 企业名称预先核准通知书。

11. 募集设立的股份有限公司公开发行股票的应提交国务院证券监督管理机构的核准文件。

12. 法律、行政法规和国务院决定规定设立股份有限公司必须报经批准的，提交有关的批准文件或者许可证件复印件。

13. 公司申请登记的经营范围中有法律、行政法规和国务院决定规定必须在登记前报经批准的项目，提交有关批准文件或者许可证件的复印件。

注：

依照《公司法》《公司登记管理条例》设立的股份有限公司申请设立登记适用本规范。

【分公司设立登记提交材料规范】

1. 分公司登记申请书。

2. 指定代表或者共同委托代理人授权委托书及指定代表或委托代理人的身份证件复印件。

3. 公司章程复印件（加盖公司公章）。

4. 公司营业执照复印件。

5. 分公司营业场所使用证明。

6. 分公司负责人的任职文件及身份证件复印件。

7. 分公司申请登记的经营范围中有法律、行政法规和国务院决定规定必须在登记前报经批准的项目，提交有关批准文件或者许可证件的复印件；分公司的经营范围不得超出公司的经营范围。

8. 法律、行政法规和国务院决定规定设立分公司必须报经批准的，提交有关的批准文件或者许可证件复印件。

注：

1. 依照《公司法》《公司登记管理条例》设立的分公司申请设立登记适用本规范。

2. 分公司经公司登记机关准予设立登记后，公司应当在30日内持分公司营业执照复印件向公司登记机关申请办理该分公司的备案手续。

公司变更登记提交材料规范

【公司变更登记提交材料规范】

1. 公司登记（备案）申请书。

2. 指定代表或者共同委托代理人授权委托书及指定代表或委托代理人的身份证件复印件。

3. 法律、行政法规和国务院决定规定公司变更事项必须报经批准的，提交有关的批准文件或者许可证件复印件。

4. 关于修改公司章程的决议、决定（变更登记事项涉及公司章程修改的，提交该文件；其中股东变更登记无须提交该文件，公司章程另有规定的，从其规定）。

◆ 有限责任公司提交由代表三分之二以上表决权的股东签署的股东会决议。

◆ 股份有限公司提交由会议主持人及出席会议的董事签署的股东大会会议记录。

◆ 一人有限责任公司提交股东签署的书面决定。

◆ 国有独资公司提交国务院、地方人民政府或者其授权的本级人民政府国有资产监督管理机构的批准文件。

5. 修改后的公司章程或者公司章程修正案（公司法定代表人签署）。

6. 变更事项相关证明文件。

◆ 变更名称的，应当向其登记机关提出申请。申请名称超出登记机关管辖权限的，由登记机关向有该名称核准权的上级登记机关申报。

◆ 变更住所的，提交变更后住所的使用证明。

◆ 变更法定代表人的，根据公司章程的规定提交原任法定代表人的免职证明和新任法定代表人的任职证明及身份证件复印件；公司法定代表人更改姓名的，只需提交公安部门出具的证明。

◆ 减少注册资本的，提交在报纸上刊登公司减少注册资本公告的有关证明和公司债务清偿或者债务担保情况的说明。应当自公告之日起45日后申请变更登记。

◆ 变更经营范围的，公司申请登记的经营范围中有法律、行政法规和国务院决定规定必须在登记前报经批准的项目，提交有关批准文件或者许可证件的复印件。审批机关单独批准分公司经营许可经营项目的，公司可以凭分公司的许可经营项目的批准文件、证件申请增加相应经营范围，但应当在申请增加的经营范围后标注"（限分支机构经营）"字样。

◆ 变更股东的，股东向其他股东转让全部股权的，提交股东双方签署的股权转让协议或者股权交割证明。

股东向股东以外的人转让股权的，提交其他股东过半数同意的文件；其他股东接到通知三十日未答复的，提交拟转让股东就转让事宜发给其他股东的书面通知；股东双方签署的股权转让协议或者股权交割证明；新股东的主体资格证明或自然人身份证件复印件。

公司章程对股权转让另有规定的，从其规定。

人民法院依法裁定划转股权的，应当提交人民法院的裁定书，无须提交股东双方签署的股权转让协议或者股权交割证明和其他股东过半数同意的文件；国务院、地方人民政府或者其授权的本级人民政府国有资产监督管理机构划转国有资产相关股权的，提交国务院、地方人民政府或者其授权的本级人民政府国有资产监督管理机构关于划转股权的文件，无须提交股东双方签署的股权转让协议或者股权交割证明。

◆ 变更股东或发起人名称或姓名的，提交股东或发起人名称或姓名变更证明；股东或发起人更名后新的主体资格证明或者自然人身份证件复印件。

◆ 以上各项涉及其他登记事项变更的，应当同时申请变更登记，按相应的提交材料规范提交相应的材料。

7. 公司营业执照副本。

注：

依照《公司法》《公司登记管理条例》设立的公司申请变更登记适用本规范。

【分公司变更登记提交材料规范】

1. 分公司登记申请书。

2. 指定代表或者共同委托代理人授权委托书及指定代表或委托代理人的身份证件复印件。

3. 法律、行政法规规定分公司变更登记事项必须报经批准的，提交有关的批准文件或者许可证件复印件。

4. 变更事项相关证明文件。

◆ 因公司名称变更而申请变更分公司名称的，提交公司登记机关出具的公司名称准予变更登记通知书复印件、变更后公司企业法人营业执照复印件。

◆ 分公司变更经营范围的，提交公司营业执照复印件。分公司变更后经营范围涉及法律、行政法规和国务院决定规定必须在登记前报经批准的项目，提交有关批准文件或者许可证件的复印件。

◆ 分公司变更营业场所的，提交变更后营业场所的使用证明。

◆ 分公司变更负责人的，提交原任分公司负责人的免职文件、新任负责人的任职文件及其身份证件复印件。

5. 分公司营业执照副本。

注：

依照《公司法》《公司登记管理条例》设立的分公司申请变更登记适用本规范。

公司注销登记提交材料规范

【公司注销登记提交材料规范】

1. 公司注销登记申请书。

2. 指定代表或者共同委托代理人授权委托书及指定代表或者委托代理人的身份证件复印件。

3. 人民法院的破产裁定、解散裁判文书，公司依照《公司法》作出解散的决议或者决定，行政机关责令关闭或者公司被撤销的文件。

4. 股东会、股东大会、一人有限责任公司的股东或者人民法院、公司批准机关备案、确认清算报告的确认文件。

◆ 有限责任公司提交股东会确认决议，股份有限公司提交股东大会确认决议。有限责任公司由代表三分之二以上表决权的股东签署；股份有限公司由股东大会会议主持人及出席会议的董事签字确认。

◆ 国有独资公司提交国务院、地方人民政府或者其授权的本级人民政府国有资产监督管理机构的确认文件。

◆ 一人有限责任公司提交股东签署的确认文件。

◆ 股东会、股东大会、一人有限责任公司的股东或者人民法院、公司批准机关在清算报告上已签署备案、确认意见的，可不再提交此项材料。

◆ 公司破产程序终结后办理注销登记的，不提交此项材料。

5. 经确认的清算报告。公司破产程序终结后办理注销登记的，不提交此项材料，提交人民法院关于破产程序终结的裁定书。

6. 清算组成员备案通知书。公司破产程序终结后办理注销登记的，不提交此项材料。

7. 税务机关出具的清税证明。如清算报告中已提供清税证明原件的，可以不另行提供。

8. 依法刊登公告的报纸样张。

9. 法律、行政法规规定应当提交的其他文件。

◆ 国有独资公司申请注销登记，还应当提交国有资产监督管理机构的决定。其中，国务院确定的重要的国有独资公司，还应当提交本级人民政府的批准文件。

◆ 设有分公司的公司申请注销登记，还应当提交分公司的注销登记证明。

10. 公司营业执照正、副本。

注：

1. 依照《公司法》《公司登记管理条例》设立的公司申请注销登记适用本规范。

2. 因合并、分立而办理公司注销登记的，无需提交第4、5、6项材料，提交合并协议或分立决议、决定。

3. 申请简易注销登记的，无需提交第3、4、5、6、7、8、9项材料，需要提交全体投资人承诺书（强制清算终结的企业提交人民法院终结强制清算程序的裁定，破产程序终结的企业提交人民法院终结破产程序的裁定）。

【分公司注销登记提交材料规范】

1. 分公司登记申请书。

2. 指定代表或者共同委托代理人授权委托书及指定代表或委托代理人的身份证件复印件。

3. 分公司被依法责令关闭的，提交责令关闭的文件；被公司登记机关依法吊销营业执照的，提交公司登记机关吊销营业执照的决定。

4. 税务机关出具的清税证明。

5. 分公司营业执照正、副本。

注：

依照《公司法》《公司登记管理条例》设立的分公司申请注销登记适用本规范。

公司撤销变更登记提交材料规范

【撤销变更登记提交材料规范】

1. 公司签署的撤销变更登记申请书。申请书应当载明公司名称、申请撤销的变更登记事项及登记时间、准予变更登记通知书文号和人民法院裁判文书文号。

2. 指定代表或者共同委托代理人授权委托书及指定代表或委托代理人的身份证件复印件。

3. 人民法院的裁判文书。

4. 公司营业执照副本。

注：

1. 依照《公司法》《公司登记管理条例》设立的公司依据《公司法》第二十二条的有关规定申请撤销变更登记适用本规范。

2. 公司签署的撤销变更登记申请书可自拟。

公司合并、分立提交材料规范

【因公司合并申请设立、变更或注销登记提交材料规范】

因合并申请设立、变更或注销登记的公司，除按照本规范提交设立、变更或注销登记材料外，还应当提交以下材料。

1. 合并各方签署的合并协议。合并协议应当包括：合并协议各方的名称，合并形式，合并后公司的名称，合并后公司的注册资本，合并协议各方债权、债务的承继方案，解散公司分公司、持有其他公司股权的处置情况，签约日期、地点以及合并协议各方认为需要规定的其他事项。

2. 依法刊登公告的报纸样张。合并公告应当包括：合并各方的名称，合并形式，合并前后各公司的注册资本。

3. 合并各方公司关于通过合并协议的决议或决定。

◆ 有限责任公司提交由代表三分之二以上表决权的股东签

署的股东会决议。

◆ 股份有限公司提交由会议主持人及出席会议的董事签署的股东大会会议决议。

◆ 一人有限责任公司提交股东签署的书面决定。

◆ 国有独资公司提交国务院、地方人民政府或者其授权的本级人民政府国有资产监督管理机构的批准文件。

4. 合并各方的营业执照复印件。

5. 债务清偿或者债务担保情况的说明。

6. 法律、行政法规和国务院决定规定必须报经批准的，提交有关的批准文件或者许可证件复印件。

7. 因合并办理公司设立、变更登记的，提交载明合并情况的解散公司的注销证明。

注：

1. 因合并而解散的公司不进行清算的，注销登记可以不提交清算报告，但是合并协议中载明解散公司需先行办理清算的除外。

2. 因合并新设公司的经营范围或存续公司新增的经营范围中，涉及法律法规规定应当在登记前报经有关部门审批的，应当在登记前报有关部门审批，凭有关部门的许可文件、证件办理登记。

3. 因合并申请设立登记、变更登记、注销登记，应当自合并公告之日起45日后。

【因合并解散公司申请分公司变更登记提交材料规范】

因合并解散公司注销后分公司归属于新设或存续公司的，公司申请该分公司变更登记时，应当提交以下材料。

1. 分公司登记申请书。

2. 指定代表或者共同委托代理人授权委托书及指定代表或委托代理人的身份证件复印件。

3. 合并协议复印件。

4. 新设或存续公司的章程复印件（加盖公司公章）。

5. 载明合并情况的解散公司的注销证明、新设或存续公司的设立或变更证明。

6. 因合并新设或存续公司的营业执照复印件。

7. 法律、行政法规和国务院决定规定必须报经批准的，提交有关的批准文件或者许可证件复印件。

8. 分公司营业执照副本。

【因合并解散公司持有股权所在公司的变更登记提交材料规范】

根据合并协议，解散公司注销后其持有的其他有限责任公司股权归属于新设或存续公司的，被投资公司申请变更登记时，应当提交以下材料。

1. 公司登记（备案）申请书。

2. 指定代表或者共同委托代理人授权委托书及指定代表或委托代理人的身份证件复印件。

3. 合并协议复印件。

4. 载明合并情况的解散公司注销证明、新设或存续公司的

设立或变更证明。

5. 因合并存续或新设公司的营业执照复印件。

6. 修改后的公司章程或者公司章程修正案（公司法定代表人签署）。

7. 法律、行政法规和国务院决定规定必须报经批准的，提交有关的批准文件或者许可证件复印件。

8. 公司营业执照副本。

【因公司分立申请设立、变更或注销登记提交材料规范】

因分立申请设立、变更或注销登记的公司，除按照本规范提交设立、变更或注销登记材料，还应当提交以下材料。

1. 公司分立的决议或决定。分立决议或决定应当包括：分立形式，分立前后公司的名称，分立后公司的注册资本，分立后原公司债权、债务的承继方案，公司分公司、持有其他公司股权的处置情况。

◆ 有限责任公司提交由代表三分之二以上表决权的股东签署的股东会决议。

◆ 股份有限公司提交由会议主持人及出席会议的董事签署的股东大会会议记录。

◆ 一人有限责任公司提交股东签署的书面决定。

◆ 国有独资公司提交国务院、地方人民政府或者其授权的本级人民政府国有资产监督管理机构的批准文件。

2. 依法刊登公告的报纸样张。分立公告应当包括：分立各方的名称，分立形式，分立前后各公司的注册资本。

3. 分立各方的营业执照复印件。

4. 债务清偿或者债务担保情况的说明。

5. 法律、行政法规和国务院决定规定必须报经批准的，提交有关的批准文件或者许可证件复印件。

6. 因分立申请公司设立登记的，提交载明分立情况的存续公司的变更证明或解散公司的注销证明。

注：

1. 因分立而解散的公司不进行清算的，注销登记可以不提交清算报告，但是分立决议或决定中载明解散公司需先行办理清算的除外。

2. 因分立新设公司的经营范围中，涉及法律法规规定应当在登记前报经有关部门审批的，应当在登记前报有关部门审批，凭有关部门的许可文件、证件办理登记。

3. 因分立申请设立登记、变更登记、注销登记，应当自分立公告之日起45日后。

【因分立公司申请分公司变更登记提交材料规范】

根据分立决议或决定，分立前公司分公司归属于新设公司的，公司申请该分公司变更登记时，应当提交以下材料。

1. 分公司登记申请书。

2. 指定代表或者共同委托代理人授权委托书及指定代表或委托代理人的身份证件复印件。

3. 分立决议或决定复印件。

4. 因分立新设公司的章程复印件（加盖公司公章）。

5. 载明分立情况的存续或解散公司的变更或注销证明、新

设公司的设立证明。

6. 因分立新设公司的营业执照复印件。

7. 法律、行政法规和国务院决定规定必须报经批准的，提交有关的批准文件或者许可证书复印件。

8. 分公司营业执照副本。

【因分立公司持有股权所在公司的变更登记提交材料规范】

根据分立决议或决定，分立前公司持有的其他有限责任公司股权归属于新设公司的，被投资公司申请变更登记时，应当提交以下材料。

1. 公司登记（备案）申请书。

2. 指定代表或者共同委托代理人授权委托书及指定代表或委托代理人的身份证件复印件。

3. 分立决议或决定复印件。

4. 载明分立情况的存续或解散公司变更或注销证明、新设公司的设立证明。

5. 因分立新设公司的营业执照复印件。

6. 修改后的公司章程或者公司章程修正案。

7. 法律、行政法规和国务院决定规定必须报经批准的，提交有关的批准文件或者许可证件复印件。

8. 公司营业执照副本。

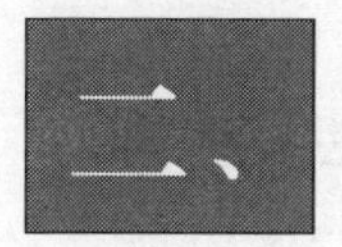

非公司企业登记提交材料规范

非公司企业开业登记提交材料规范

【非公司企业法人开业登记提交材料规范】

1. 非公司企业法人登记（备案）申请书。

2. 指定代表或者共同委托代理人授权委托书及指定代表或委托代理人的身份证件复印件。

3. 法律、行政法规规定设立企业必须报经批准的，提交有关的批准文件或者许可证件复印件。

4. 企业法人组织章程［主管部门（出资人）加盖公章］。

5. 主管部门（出资人）的主体资格证明。

◆ 主管部门（出资人）为企业的，提交营业执照复印件。

◆ 主管部门（出资人）为事业法人的，提交事业法人登记证书复印件。

◆ 主管部门（出资人）为社团法人的，提交社团法人登记证复印件。

◆ 主管部门（出资人）为民办非企业单位的，提交民办非企业单位证书复印件。

◆ 其他主管部门（出资人）提交有关法律法规规定的资格证明。

6. 主管部门（出资人）的出资证明。

◆ 主管部门（出资人）为国有企业或者事业法人的，提交国有资产管理部门出具的国有资产产权登记证明。

◆ 主管部门（出资人）为集体所有制企业或者社团组织、民办非企业单位的，提交依法设立的验资机构出具的验资证明。

◆ 主管部门（出资人）为工会的，由上一级工会出具证明。

7. 企业法定代表人的任职文件和身份证件复印件。

8. 住所使用证明。

9. 企业申请登记的经营范围中有法律、行政法规和国务院决定规定必须在登记前报经批准的项目，提交有关的批准文件或者许可证件复印件。

10. 办理了名称预先核准的企业法人提交企业名称预先核准通知书。

11. 申请开业的企业法人，其主管部门（出资人）为依照《企业法人登记管理条例》设立的企业法人的，应当提交出资人经其登记机关核准变更登记取得的分支机构核转函。

注：

依照《企业法人登记管理条例》设立的企业法人申请开业登记适用本规范。

【营业单位开业登记提交材料规范】

1. 营业单位登记申请书。

2. 指定代表或者共同委托代理人授权委托书及指定代表或委托代理人的身份证件复印件。

3. 负责人的任职文件及身份证件复印件。

4. 主管部门（出资人）主体资格证明。

◆ 主管部门（出资人）为事业法人的，提交事业法人登记证书复印件。

◆ 主管部门（出资人）为社团法人的，提交社团法人登记证复印件。

◆ 主管部门（出资人）为民办非企业单位的，提交民办非企业单位证书复印件。

◆ 其他主管部门（出资人）提交有关法律法规规定的资格证明。

5. 主管部门（出资人）或企业法人出具的资金数额证明。

6. 营业单位地址的使用证明。

7. 法律、行政法规和国务院决定规定设立营业单位必须报经批准的，提交有关的批准文件或者许可证书复印件。

8. 营业单位经营范围涉及法律、行政法规和国务院决定规定登记前必须报经审批项目的，提交有关部门批准文件。

注：

依照《企业法人登记管理条例施行细则》设立的不具备企业法人条件的联营企业、其他从事经营活动的单位，申请开业登记领取营业执照适用本规范。

【企业非法人分支机构开业登记提交材料规范】

1. 营业单位登记申请书。

2. 指定代表或者共同委托代理人授权委托书及指定代表或委托代理人的身份证件复印件。

3. 企业非法人分支机构负责人的任职文件及身份证件复印件。

4. 企业法人营业执照复印件。

5. 主管部门（出资人）或企业法人出具的资金数额证明。

6. 企业非法人分支机构地址的使用证明。

7. 法律、行政法规和国务院决定规定设立企业非法人分支机构必须报经批准的，提交有关的批准文件或者许可证件复印件。

8. 企业非法人分支机构申请登记的经营范围中有法律、行政法规和国务院决定规定必须在登记前报经批准的项目，提交有关的批准文件或者许可证件复印件。

9. 企业法人登记机关出具的分支机构核转函。

注：

企业非法人分支机构是指由依照《企业法人登记管理条例》登记的企业法人申请设立的、不能独立承担民事责任的分支机构，其申请开业登记适用本规范。

非公司企业变更登记提交材料规范

【非公司企业法人变更登记提交材料规范】

1. 非公司企业法人登记（备案）申请书。

2. 指定代表或者共同委托代理人授权委托书及指定代表或委托代理人的身份证件复印件。

3. 法律、行政法规和国务院决定规定变更事项必须报经批准的，提交有关的批准文件或者许可证件复印件。

4. 变更事项相关证明文件。

◆ 变更名称的，应当向其登记机关提出申请。申请名称超出登记机关核准权限的，由登记机关向有该名称核准权的上级登记机关申报。

◆ 变更住所（经营场所）的，提交变更后住所（经营场所）的使用证明。

◆ 变更法定代表人的，提交原任法定代表人的免职证明、新任法定代表人的任职证明及其身份证件复印件。

◆ 变更经济性质的，提交变更批准文件或相关证明文件，企业法人因资产权属转移而导致经济性质变化的，应当同时申请主管部门（出资人）变动备案，按相关提交材料规范提交材料。

◆ 变更经营范围的，企业申请的经营范围中含有法律、行政法规和国务院决定规定必须在登记前报经批准的项目，应当提交有关的批准文件或者许可证件复印件。

◆ 变更注册资金的，主管部门（出资人）为国有企业或者事业法人的，提交国有资产管理部门出具的国有资产产权登记证明；主管部门（出资人）为集体所有制企业或者社团组织、民办非企业单位的，提交依法设立的验资机构出具的验资证明；主管部门（出资人）为工会的，由上一级工会出具证明。

◆ 变更经营期限的，提交主管部门（出资人）出具的变更企业法人营业期限的文件；修改后的企业章程或者企业章程修正案［主管部门（出资人）加盖公章］。

◆ 以上各项涉及其他登记事项变更的，应当同时申请变更登记，按相应的提交材料规范提交相应的材料。

5. 企业法人营业执照副本。

注：

依照《企业法人登记管理条例》设立的企业法人申请变更登记适用本规范。

【增设/撤销分支机构变更登记提交材料规范】

1. 非公司企业法人登记（备案）申请书。

2. 指定代表或者共同委托代理人授权委托书及指定代表或委托代理人的身份证件复印件。

3. 增设/撤销法人分支机构的，提交企业法人的主管部门（出资人）的批准文件。

4. 撤销分支机构的，提交被撤销分支机构的营业执照复印件。

5. 企业法人营业执照副本。

注：

1. 依照《企业法人登记管理条例》设立的企业法人申请增设/撤销分支机构变更登记适用本规范。

2. 企业法人申请跨原登记主管机关管辖地增设或者撤销分支机构，经企业法人的登记机关准予变更登记后，凭企业法人登记机关出具的分支机构核转函至分支机构所在地企业登记机关办理分支机构开业登记或者注销登记。

【营业单位、企业非法人分支机构变更登记提交材料规范】

1. 营业单位登记申请书。

2. 指定代表或者共同委托代理人授权委托书及指定代表或委托代理人的身份证件复印件。

3. 法律、行政法规规定必须报经有关部门批准的，提交有关的批准文件或者许可证件复印件。

4. 变更事项相关证明。

◆ 企业法人变更名称后，其非法人分支机构相应变更名称的，提交企业法人登记机关出具的企业名称准予变更登记通知书复印件、变更后企业法人营业执照复印件。

◆ 变更负责人的，提交原任负责人的免职文件、新任负责人的任职文件及其身份证件复印件。

◆ 变更地址的，提交变更后地址的使用证明。

◆ 变更经营范围涉及法律、行政法规和国务院决定规定必须在登记前报经批准的项目，提交有关的批准文件或者许可证件复印件。

◆ 变更资金数额的，提交主管部门（出资人）或企业法人出具的资金数额证明。

5. 营业执照副本。

注：

依照《企业法人登记管理条例施行细则》，经企业登记机关登记取得营业执照的，不具备企业法人条件的联营企业、其他从事经营活动单位及登记的企业非法人分支机构的变更登记适用本规范。

非公司企业注销登记提交材料规范

【非公司企业法人注销登记提交材料规范】

1. 非公司企业法人注销登记申请书。

2. 指定代表或者共同委托代理人授权委托书及指定代表或委托代理人的身份证件复印件。

3. 企业法人的主管部门（出资人）批准企业法人注销的文件，或者政府依法责令企业法人关闭的文件，或者人民法院对企业法人破产的裁定。

4. 法律、行政法规规定企业法人办理注销登记必须报经批准的，提交批准文件。

5. 企业法人的主管部门（出资人）或者清算组织出具的负责清理债权债务的文件或者清理债务完结的证明。

6. 税务机关出具的清税证明。

7. 企业法人营业执照正、副本。

8. 企业法人公章。

注：

1. 依照《企业法人登记管理条例》及《企业法人登记管理条例施行细则》设立的企业法人申请注销登记适用本规范。

2. 申请简易注销登记的，无需提交第3、4、5、6项材料，需要提交全体投资人承诺书（强制清算终结的企业提交人民法院终结强制清算程序的裁定，破产程序终结的企业提交人民法院终结破产程序的裁定）。

【营业单位、企业非法人分支机构注销登记提交材料规范】

1. 营业单位登记申请书。

2. 指定代表或者共同委托代理人授权委托书及指定代表或委托代理人的身份证件复印件。

3. 被依法责令关闭的，提交责令关闭的文件。

4. 税务机关出具的清税证明。

5. 企业法人的登记机关出具的撤销分支机构核转函。

6. 营业执照正、副本。

7. 公章。

注：

依照《企业法人登记管理条例》设立的营业单位、企业非法人分支机构申请注销登记适用本规范。

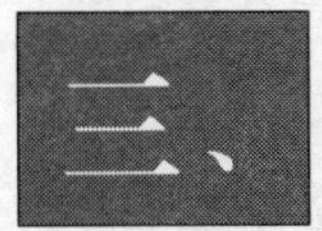

三、非公司企业法人按《公司法》改制登记提交材料规范

【非公司企业法人按《公司法》改制登记提交材料规范】

1. 非公司企业法人改制登记申请书。

2. 指定代表或者共同委托代理人授权委托书及指定代表或委托代理人的身份证件复印件。

3. 企业法人的主管部门（出资人）出具的批准改制的文件。

4. 城镇集体所有制企业法人申请按《公司法》改制的，应当提交集体企业的职工（代表）大会的批准决议。乡村集体所有制企业法人申请按《公司法》改制的，应当提交乡或者村的农民大会（农民代表会议）或者代表全体农民的集体经济组织的批准决议或批准文件。

5. 企业原任法定代表人的免职文件（改制后公司变更法定代表人的提交，可与第3项合并提交）。

6. 法律、行政法规和国务院决定规定企业按《公司法》改制或变更登记必须报经批准的，提交有关的批准文件或者许可证件复印件。

7. 企业债权银行出具的金融债权保全证明文件和人民银行

总行或其派出机构出具的确认文件（中小企业改制提交）。

8. 改制后的公司章程。

◆ 改制后为有限责任公司的，由全体股东签署。

◆ 改制后为国有独资公司的，由国务院、地方人民政府或者其授权的本级人民政府国有资产监督管理机构加盖公章。

◆ 改制后为一人有限责任公司的，由股东签署。

◆ 改制后为股份有限公司的，由发起人签署或者出席会议的董事签字确认。

9. 改制后公司股东或发起人的主体资格证明或者自然人身份证件复印件。

◆ 股东或者发起人为企业的，提交营业执照复印件。

◆ 股东或者发起人为事业法人的，提交事业法人登记证书复印件。

◆ 股东或者发起人为社团法人的，提交社团法人登记证复印件。

◆ 股东或者发起人为民办非企业单位的，提交民办非企业单位证书复印件。

◆ 股东或者发起人为自然人的，提交身份证件复印件。

◆ 其他股东或者发起人提交有关法律法规规定的资格证明。

10. 改制为有限责任公司的提交股东会决议；改制为股份有限公司的提交股东大会会议记录或者创立大会会议记录。

11. 根据改制后公司章程的规定，提交公司董事、监事和经理的任职文件及身份证件复印件。

◆ 有限责任公司提交股东会决议、董事会决议或者其他任免文件，股东会决议由全体股东签署，董事会决议由公司董事签字。

◆ 股份有限公司提交股东大会会议记录或者董事会决议。

股东大会会议记录由会议主持人和出席会议的董事签署；董事会决议由公司董事签字。股东大会会议记录可以和第 9 项材料合并提交。

◆ 国有独资公司提交国务院、地方人民政府或者其授权的本级人民政府国有资产监督管理机构的批准文件。

◆ 一人有限责任公司提交股东签署的决定文件。

12. 根据改制后公司章程的规定，提交法定代表人的任职证明及身份证件复印件。

◆ 有限责任公司提交股东会决议、董事会决议或者其他任免文件。股东会决议由全体股东签署，董事会决议由公司董事签字。

◆ 股份有限公司提交董事会决议，董事会决议由公司董事签字。

◆ 国有独资有限责任公司提交国务院、地方人民政府或者其授权的本级人民政府国有资产监督管理机构的批准文件或者由公司董事签字的董事会决议。

◆ 一人有限责任公司提交股东签署的决定文件、由公司董事签字的董事会决议或者其他文件。

13. 改制同时涉及其他登记事项变更的，应当同时申请变更登记，按相应的提交材料规范提交相应的材料。

14. 企业法人营业执照副本。

注：

依照《企业法人登记管理条例》设立的企业法人申请依照《公司法》《公司登记管理条例》改制为公司适用本规范。

四、企业备案提交材料规范

【公司备案提交材料规范】

1. 公司登记（备案）申请书。

2. 指定代表或者共同委托代理人授权委托书及指定代表或委托代理人的身份证件复印件。

3. 法律、行政法规和国务院决定规定备案事项必须报经批准的，提交有关的批准文件或者许可证件复印件。

4. 备案事项证明文件。

◆ 章程备案。提交修改后的公司章程或者公司章程修正案（公司法定代表人签署）；关于修改公司章程的决议、决定（其中股东变更登记无须提交该文件，公司章程另有规定的，从其规定。有限责任公司提交由代表三分之二以上表决权的股东签署的股东会决议；股份有限公司提交由会议主持人及出席会议的董事签署的股东大会会议记录；一人有限责任公司提交股东签署的书面决定；国有独资公司提交国务院、地方人民政府或者其授权的本级人民政府国有资产监督管理机构的批准文件）。法律、行政法规和国务院决定规定修改公司章程必须报经批准的，提交有关的批准文件或者许可证书复印件。

◆ 董事、监事、经理备案。提交有关董事、经理、监事发生变动的文件。有限责任公司提交股东会决议（由符合章程规定表决通过比例的股东签署）、董事会决议（由公司董事签字）或其他批准文件。股份有限公司提交股东大会会议记录（由股东大会会议主持人及出席会议的董事签字确认）、董事会决议（由公司董事签字）。一人有限责任公司提交股东签署的书面决定、董事会决议（由公司董事签字）。国有独资公司提交国务院、地方人民政府或者其授权的本级人民政府国有资产监督管理机构的书面决定（加盖公章）、董事会决议（由公司董事签字）。提交新任董事、监事、经理身份证件复印件。

◆ 增设/注销分公司备案。增设分公司备案提交分公司营业执照复印件，注销分公司备案提交分公司注销登记通知书。

◆ 公司清算组备案。有限责任公司提交股东会关于成立清算组的决议（由代表三分之二以上表决权的股东签署）。股份有限公司提交关于成立清算组的股东大会记录（由股东大会会议主持人及出席会议的董事签字确认）。一人有限责任公司提交股东签署的关于成立清算组的书面文件。国有独资公司提交国务院、地方人民政府或者其授权的本级人民政府国有资产监督管理机构关于成立清算组的书面文件（加盖公章）。人民法院组织清算的无须提交股东会决议，提交人民法院成立清算组的决定。人民法院裁定解散的，还应提交法院的裁定文件。依法被吊销营业执照、责令关闭或者被撤销的，还应提交行政机关的相关决定。

5. 公司营业执照复印件。

注：

1. 依照《公司法》《公司登记管理条例》设立的公司修改章程等有关事项申请备案的适用本规范。其中，公司依照《公司法》第一百八十条规定解散、按照《公司登记管理条例》第四十二条规定申请清算组成员备案适用本规范。公司经人民法院裁定进入破产程序的，不适用本规范。

2. 公司备案与公司有关变更登记同时申请时，可一并提交有关材料。

【非公司企业法人备案提交材料规范】

1. 非公司企业法人登记（备案）申请书。

2. 指定代表或者共同委托代理人授权委托书及指定代表或委托代理人的身份证件复印件。

3. 法律、行政法规和国务院决定规定备案事项必须报经批准的，提交有关的批准文件或者许可证书复印件。

4. 备案事项证明文件。

◆ 章程备案。提交修改后的企业法人章程或者企业法人章程修正案［主管部门（出资人）加盖公章］。

◆ 非公司企业法人主管部门（出资人）变动备案。提交企业原主管部门（出资人）的上级机关同意其转让的批准文件、变动后主管部门（出资人）的上级机关同意其受让的批准文件，企业原主管部门（出资人）与变动后主管部门（出资人）签署的转让协议（国务院、地方人民政府或者其授权的本级人民政府国有资产监督管理机构决定划转的可不提交），变动后主管部门（出资人）的主体资格证明。主管部门（出资人）为企业的，提交营业执照复印件；主管部门（出资人）为事业法人的，提交事业法人登记证书复印件；主管部门（出资人）为社团法人的，提交社团法人登记证复印件；主管部门（出资人）为民办非企业单位的，提交民办非企业单位证书复印件；其他主管部门（出资人）提交有关法律法规规定的资格证明。变动后的主管部门（出资人）为国有企业或者事业单位的，提交国有资产产权登记证明。

5. 企业营业执照复印件。

注：

1. 依照《企业法人登记管理条例》登记的企业法人修改企业章程等事项申请备案的适用本规范。

2. 非公司企业法人备案与非公司企业法人有关变更登记同时申请时，可一并提交有关材料。

五、合伙企业登记提交材料规范

【合伙企业设立登记提交材料规范】

1. 合伙企业登记（备案）申请书。

2. 全体合伙人的主体资格证明（居民身份证复印件、营业执照副本复印件、事业法人登记证书复印件、社团法人登记证复印件、民办非企业单位证书复印件）。

3. 全体合伙人指定的代表或者共同委托的代理人的委托书。

4. 全体合伙人签署的合伙协议。

5. 全体合伙人签署的对各合伙人缴付出资的确认书。

6. 主要经营场所证明（合伙企业主要经营场所只能有一个，并且应当在其企业登记机关登记管辖区域内）。

7. 全体合伙人签署的委托执行事务合伙人的委托书；执行事务合伙人是法人或其他组织的，还应当提交其委派代表的委托书和身份证明复印件。

8. 以非货币形式出资的，提交全体合伙人签署的协商作价确认书或者经全体合伙人委托的法定评估机构出具的评估作价证明。

9. 从事法律、行政法规或者国务院决定规定在登记前须经批准的经营项目，须提交有关批准文件。

10. 法律、行政法规规定设立特殊的普通合伙企业需要提交合伙人的职业资格证明的，提交相应证明。

11. 国家工商行政管理总局规定提交的其他文件。

注：

1. 依照《合伙企业法》《合伙企业登记管理办法》设立的合伙企业适用本规范。

2. 申请人是指全体合伙人指定的代表或者共同委托的代理人。

【合伙企业变更登记提交材料规范】

1. 合伙企业登记（备案）申请书。

2. 全体合伙人或者合伙协议约定的人员签署的变更决定书。

3. 执行事务合伙人（含委派代表）指定的代表或者委托的代理人的委托书。

4. 变更经营场所的，应当在迁入新经营场所前提交新经营场所证明，申请变更登记。变更经营场所跨辖区的，应当向迁入地企业登记机关申请变更登记。

5. 法人、其他组织委派的执行合伙事务的代表发生变化的，提交其继任代表的自然人身份证明复印件和继任委派书。

6. 合伙企业变更企业类型的，应当办理企业名称变更。

7. 合伙企业修改合伙协议的，应当提交由全体合伙人签名、盖章的新修改的合伙协议或者依据设立登记时合伙协议的约定作出的修改合伙协议的决议。

8. 新合伙人入伙的，提交新合伙人的主体资格证明或者自然人身份证明、入伙协议以及全体合伙人对新合伙人缴付出资的确认书。

9. 合伙人增加或减少对合伙企业出资的，提交全体合伙人对该合伙人认缴或者实际缴付出资的确认书。

10. 从事法律、行政法规或者国务院决定规定在登记前须经批准的经营项目，须提交有关批准文件。

11. 申请变更的登记事项涉及到营业执照内容的，应当提交营业执照正、副本。

12. 国家工商行政管理总局规定提交的其他文件。

注：

1. 依照《合伙企业法》《合伙企业登记管理办法》设立的合伙企业适用本规范。

2. 申请人是指执行事务合伙人（含委派代表）指定的代表或者委托的代理人。

【合伙企业注销登记提交材料规范】

1. 合伙企业登记（备案）申请书。

2. 人民法院的破产裁定，合伙企业依据《合伙企业法》作出的决定，行政机关责令关闭、合伙企业依法被吊销营业执照或者被撤消的文件。

3. 全体合伙人签署的清算报告。

4. 营业执照正本和副本。

5. 在异地设有分支机构的合伙企业，应当提交分支机构所在地企业登记机关核发的分支机构注销登记决定书。

6. 税务机关出具的清税证明。

7. 国家工商行政管理总局规定提交的其他文件。

注：

1. 依照《合伙企业法》《合伙企业登记管理办法》设立的合伙企业适用本规范。

2. 申请人是指全体合伙人指定的代表或者共同委托的代理人。

3. 申请简易注销登记的，无需提交第2、3、5、6项材料，需要提交全体投资人承诺书（强制清算终结的企业提交人民法院终结强制清算程序的裁定，破产程序终结的企业提交人民法院终结破产程序的裁定）。

【合伙企业分支机构设立登记提交材料规范】

1. 个人独资（合伙）企业分支机构登记申请书。

2. 全体合伙人签署的设立分支机构的决定书。

3. 执行事务合伙人（含委派代表）指定的代表或者委托的代理人的委托书。

4. 合伙企业营业执照复印件或者营业执照副本。

5. 全体合伙人委派执行分支机构事务负责人的委托书和其身份证明。

6. 经营场所证明。

7. 国务院工商行政管理部门规定提交的其他文件。

8. 法律、行政法规规定需报经有关部门审批的业务的有关批准文件。

注：

1. 依照《合伙企业法》《合伙企业登记管理办法》设立的合伙企业分支机构适用本规范。

2. 申请人是指执行事务合伙人（含委派代表）指定的代表或者委托的代理人。

【合伙企业分支机构变更登记提交材料规范】

1. 个人独资（合伙）企业分支机构登记申请书。

2. 全体合伙人签署的变更决定书，或者合伙协议约定的人员签署的变更决定书。

3. 执行事务合伙人（含委派代表）指定的代表或者委托的代理人的委托书。

4. 变更名称、经营范围的，提交加盖合伙企业印章的营业执照复印件。

5. 变更经营场所的，提交新的经营场所证明。

6. 变更负责人的，提交全体合伙人签署的任免文件或者依合伙协议作出的任免决定及新负责人的身份证明。

7. 分支机构经营范围属于法律、行政法规或者国务院决定规定在登记前须经批准的项目的，还应当提交批准文件。

8. 申请变更的登记事项涉及到营业执照内容的，应当提交营业执照正、副本。

9. 国家工商行政管理总局规定提交的其他文件。

注：

1. 依照《合伙企业法》《合伙企业登记管理办法》设立的合伙企业分支机构适用本规范。

2. 申请人是指执行事务合伙人（含委派代表）指定的代表或者委托的代理人。

【合伙企业分支机构注销登记提交材料规范】

1. 个人独资（合伙）企业分支机构登记申请书。

2. 全体合伙人签署的注销分支机构决定书。

3. 执行事务合伙人（含委派代表）指定的代表或者委托的代理人的委托书。

4. 营业执照正、副本。

5. 税务机关出具的清税证明。

6. 国家工商行政管理总局规定提交的其他文件。

注：

1. 依照《合伙企业法》《合伙企业登记管理办法》设立的合伙企业分支机构适用本规范。

2. 申请人是指执行事务合伙人（含委派代表）指定的代表或者委托的代理人。

【合伙企业备案提交材料规范】

1. 合伙企业登记（备案）申请书。

2. 增设/注销分支机构备案。增设备案应提交增设分支机构营业执照复印件，注销备案应提交分支机构注销登记通知书。

3. 全体合伙人签署的合伙协议。

4. 清算人成员名单。

5. 执行事务合伙人（含委派代表）指定的代表或者委托的代理人的委托书。

注：

1. 依照《合伙企业法》《合伙企业登记管理办法》设立的合伙企业适用本规范。

2. 申请人是指执行事务合伙人（含委派代表）指定的代表或者委托的代理人。

六、个人独资企业登记提交材料规范

【个人独资企业设立登记提交材料规范】

1. 投资人签署的个人独资企业登记（备案）申请书。

2. 投资人身份证明。

3. 投资人委托代理人的，应提交投资人的委托书和代理人的身份证明或资格证明。

4. 企业住所证明。

5. 法律、行政法规规定必须报经有关部门审批的业务的有关批准文件。

6. 国家工商行政管理总局规定提交的其他文件。

注：

1. 依照《个人独资企业法》《个人独资企业登记管理办法》设立的个人独资企业适用本规范。

2. 申请人是指向登记机关提出设立登记申请的人。

【个人独资企业变更登记提交材料规范】

1. 投资人签署的个人独资企业登记（备案）申请书。

2. 投资人委托代理人的，应提交投资人的委托书和代理人的身份证明或资格证明。

3. 变更投资人的，应提交转让协议书或法定继承文件，以及变更后投资人的身份证明。

4. 变更企业住所的，应提交新的企业住所证明。

5. 申请变更的登记事项涉及到营业执照内容的，应当提交营业执照正、副本。

6. 法律、行政法规规定须报经有关部门审批的业务的有关批准文件。

7. 国家工商行政管理总局规定提交的其他文件。

注：

1. 依照《个人独资企业法》《个人独资企业登记管理办法》设立的个人独资企业适用本规范。

2. 申请人是指向登记机关提出变更登记申请的人。

【个人独资企业注销登记提交材料规范】

1. 个人独资企业登记（备案）申请书。

2. 投资人或者清算人签署的清算报告。

3. 营业执照正本和副本。

4. 在异地设有分支机构的个人独资企业，应当提交分支机构所在地企业登记机关核发的分支机构注销登记决定书。

5. 清算人申请注销登记的，应提交人民法院指定其为清算人的证明。

6. 税务机关出具的清税证明。

7. 国务院工商行政管理部门规定提交的其他文件。

注：

1. 依照《个人独资企业法》《个人独资企业登记管理办法》设立的个人独资企业适用本规范。

2. 申请人是指向登记机关提出注销登记申请的人。

3. 申请简易注销登记的，无需提交第2、4、5、6项材料，需要提交全体投资人承诺书（强制清算终结的企业提交人民法院终结强制清算程序的裁定，破产程序终结的企业提交人民法院终结破产程序的裁定）。

【个人独资企业分支机构设立登记提交材料规范】

1. 投资人签署的个人独资（合伙）企业分支机构登记申请书。

2. 投资人委托代理人的，应提交投资人的委托书和代理人的身份证明或资格证明。

3. 经营场所使用证明。

4. 投资人委派分支机构负责人的委托书。

5. 分支机构负责人的身份证明。

6. 个人独资企业营业执照复印件。

7. 国务院工商行政管理部门规定提交的其他文件。

8. 法律、行政法规规定需报经有关部门审批的业务的有关批准文件。

注：

1. 依照《个人独资企业法》《个人独资企业登记管理办法》设立的个人独资企业适用本规范。

2. 申请人是指向登记机关提出设立登记申请的人。

【个人独资企业分支机构变更登记提交材料规范】

1. 投资人签署的个人独资（合伙）企业分支机构登记申请书。

2. 投资人委托代理人的，应提交投资人的委托书和代理人的身份证明或资格证明。

3. 变更经营场所的，提交新的经营场所证明。

4. 变更负责人的，个人独资企业提交新负责人的身份证明。

5. 分支机构经营范围属于法律、行政法规或者国务院决定规定在登记前须经批准的项目的，还应当提交批准文件。

6. 申请变更的登记事项涉及到营业执照内容的，应当提交营业执照正、副本。

7. 国家工商行政管理总局规定提交的其他文件。

注：

1. 依照《个人独资企业法》《个人独资企业登记管理办法》设立的个人独资企业适用本规范。

2. 申请人是指向登记机关提出变更登记申请的人。

【个人独资企业分支机构注销登记提交材料规范】

1. 投资人签署的个人独资（合伙）企业分支机构登记申请书。

2. 投资人委托代理人的，应提交投资人的委托书和代理人的身份证明或资格证明。

3. 营业执照正、副本。

4. 税务机关出具的清税证明。

5. 国家工商行政管理总局规定提交的其他文件。

注：

1. 依照《个人独资企业法》《个人独资企业登记管理办法》设立的个人独资企业适用本规范。

2. 申请人是指向登记机关提出注销登记申请的人。

【个人独资企业备案提交材料规范】

1. 个人独资企业登记（备案）申请书。

2. 投资人委托代理人的，应提交投资人的委托书和代理人的身份证明或资格证明。

3. 分支机构登记机关加盖印章的分支机构营业执照复印件、变更登记通知书或者注销登记通知书。

注：

1. 依照《个人独资企业法》《个人独资企业登记管理办法》设立的个人独资企业适用本规范。

2. 申请人是指向登记机关提出备案申请的人。

七、其他登记事务相关材料规范

【企业名称变更审批报送提交材料规范】

1. 企业名称变更核准意见书。

2. 指定代表或者共同委托代理人授权委托书及指定代表或者共同委托代理人的身份证件复印件。

注：

1. 企业向其登记管理机关申请企业名称变更登记，申请名称超出其企业登记管理机关的登记权限的，由企业的登记管理机关报送具有名称审批权限的登记机关审批时，适用本规范。

2. 企业的登记管理机关应当在受理企业名称变更申请（填写企业名称预先核准申请书）后，填写企业名称变更核准意见书，报送具有名称审批权限的登记机关审批。

【企业申请迁入调档提交材料规范】

1. 法定代表人签署的企业申请迁入调档的申请书。

2. 指定代表或者共同委托代理人授权委托书及指定代表或委托代理人的身份证件复印件。

3. 迁入地登记机关要求提交的相关材料。

4. 企业营业执照复印件。

注：

1. 企业向拟迁入登记机关申请从原登记机关调取登记档案适用本规范。

2. 法定代表人签署的企业申请迁入调档的申请书可自拟。

3. 企业迁入调档同时涉及登记事项变更的，可以同时申请办理变更登记。

【外商投资企业变更为内资企业提交材料规范】

1. 法定代表人签署的企业变更为内资企业的申请书。

2. 指定代表或者共同委托代理人授权委托书及指定代表或委托代理人的身份证件复印件。

3. 外商投资企业审批部门的批准文件。

4. 企业营业执照副本。

5. 按照内资企业登记的规定提交相应的文件。

注：

1. 外商投资企业经批准变更为内资企业适用本规范。

2. 法定代表人签署的企业变更为内资企业的申请书可自拟。

下篇

内资企业登记文书规范

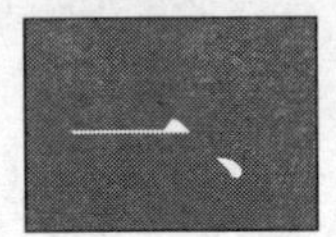

一、公司登记（备案）申请书

填写说明

1. 本申请书适用于有限责任公司、股份有限公司向公司登记机关申请设立、变更登记及有关事项备案。

2. 向登记机关提交的申请书只填写与本次申请有关的栏目。

3. 申请公司设立登记，填写“基本信息”栏、“设立”栏和“备案”栏有关内容，以及附表1“法定代表人信息”、附表2“董事、监事、经理信息”、附表3“股东（发起人）出资情况”、附表4“财务负责人信息”、附表5“联络员信息”。“申请人声明”由公司拟任法定代表人签署。

4. 公司申请变更登记，填写“基本信息”栏及“变更”栏有关内容。“申请人声明”由公司原法定代表人或者拟任法定代表人签署并加盖公司公章。申请变更同时需要备案的，同时填写“备案”栏有关内容。申请公司名称变更，在名称中增加“集团或（集团）”字样的，应当填写集团名称、集团简称（无集团简称的可不填）；申请公司法定代表人变更的，应填写、提交拟任法定代表人信息（附表1“法定代表人信息”）；申请股东变更的，应填写、提交附表3“股东（发起人）出资情况”。变更项目可加行续写或附页续写。

5. 公司增设分公司应向原登记机关备案，注销分公司可向原登记机关备案。填写“基本信息”栏及“备案”栏有关内容，“申请人声明”由法定代表人签署并加盖公司公章。“分公司增设/注销”项可加行续写或附页续写。

6. 公司申请章程修订或其他事项备案，填写“基本信息”栏、“备案”栏及相关附表所需填写的有关内容。申请联络员备案的，应填写附表5“联络员信息”。“申请人声明”由公司法定代表人签署并加盖公司公章；申请清算组备案的，“申请人声明”由公司清算组负责人签署。

7. 办理公司设立登记填写名称预先核准通知书文号，不填写注册号或统一社会信用代码。办理变更登记、备案填写公司注册号或统一社会信用代码，不填写名称预先核准通知书文号。

8. 公司类型应当填写“有限责任公司”或“股份有限公司”。其中，国有独资公司应当填写“有限责任公司（国有独资）”；一人有限责任公司应当注明“一人有限责任公司（自然人独资）”或“一人有限责任公司（法人独资）”。

9. 股份有限公司应在“设立方式”栏选择填写“发起设立”或者“募集设立”。有限责任公司无需填写此项。

10. “经营范围”栏应根据公司章程、参照《国民经济行业分类》国家标准及有关规定填写。

11. 申请人提交的申请书应当使用A4型纸。依本表打印生成的，使用黑色钢笔或签字笔签署；手工填写的，使用黑色钢笔或签字笔工整填写、签署。

申请文书

公司登记（备案）申请书

注：请仔细阅读本申请书的填写说明，按要求填写。

☐ 基本信息			
名　　称			
名称预先核准文号/注册号/统一社会信用代码			
住　　所	______省（市/自治区）______市（地区/盟/自治州）______县（自治县/旗/自治旗/市/区）______乡（民族乡/镇/街道）______村（路/社区）______号		
生产经营地	______省（市/自治区）______市（地区/盟/自治州）______县（自治县/旗/自治旗/市/区）______乡（民族乡/镇/街道）______村（路/社区）______号		
联系电话		邮政编码	
☐ 设立			
法定代表人姓　　名		职　务	☐ 董事长 ☐ 执行董事 ☐ 经理
注册资本	______万元	公司类型	

续表

<table>
<tr><td>设立方式（股份公司填写）</td><td colspan="3">□ 发起设立 □ 募集设立</td></tr>
<tr><td>经营范围</td><td colspan="3"></td></tr>
<tr><td>经营期限</td><td>□ ____年 □ 长期</td><td>申请执照副本数量</td><td>____个</td></tr>
<tr><td colspan="4">□ 变更</td></tr>
<tr><td>变更项目</td><td>原登记内容</td><td colspan="2">申请变更登记内容</td></tr>
<tr><td></td><td></td><td colspan="2"></td></tr>
<tr><td></td><td></td><td colspan="2"></td></tr>
<tr><td></td><td></td><td colspan="2"></td></tr>
<tr><td></td><td></td><td colspan="2"></td></tr>
<tr><td></td><td></td><td colspan="2"></td></tr>
<tr><td></td><td></td><td colspan="2"></td></tr>
<tr><td></td><td></td><td colspan="2"></td></tr>
</table>

续表

<table>
<tr><td colspan="5">□ 备案</td></tr>
<tr><td rowspan="2">分公司
□ 增设
□ 注销</td><td>名　　称</td><td></td><td>注册号/统一社会信用代码</td><td></td></tr>
<tr><td>登记机关</td><td></td><td>登记日期</td><td></td></tr>
<tr><td rowspan="2">清算组</td><td>成　　员</td><td colspan="3"></td></tr>
<tr><td>负责人</td><td></td><td>联系电话</td><td></td></tr>
<tr><td>其　他</td><td colspan="4">□ 董事　□ 监事　□ 经理　□ 章程　□ 章程修正案
□ 财务负责人　□ 联络员</td></tr>
<tr><td colspan="5">□ 申请人声明</td></tr>
<tr><td colspan="5">本公司依照《公司法》《公司登记管理条例》相关规定申请登记、备案，提交材料真实有效。通过联络员登录企业信用信息公示系统向登记机关报送、向社会公示的企业信息为本企业提供、发布的信息，信息真实、有效。

法定代表人签字：　　　　公司盖章
清算组负责人签字：　　　　年　月　日</td></tr>
</table>

附表 1

法定代表人信息

<table>
<tr><td>姓　　名</td><td></td><td>固定电话</td><td></td></tr>
<tr><td>移动电话</td><td></td><td>电子邮箱</td><td></td></tr>
<tr><td>身份证件类型</td><td></td><td>身份证件号码</td><td></td></tr>
<tr><td colspan="4">（身份证件复印件粘贴处）</td></tr>
<tr><td colspan="4">法定代表人签字：　　　　　　　　　　　　年　月　日</td></tr>
</table>

附表 2

董事、监事、经理信息

姓名________职务____________身份证件类型____________
身份证件号码________________

（身份证件复印件粘贴处）

姓名________职务____________身份证件类型____________
身份证件号码________________

（身份证件复印件粘贴处）

姓名________职务____________身份证件类型____________
身份证件号码________________

（身份证件复印件粘贴处）

附表3

股东（发起人）出资情况

股东（发起人）名称或姓名	证件类型	证件号码	出资时间	出资方式	认缴出资额（万元）	出资比例

附表 4

财务负责人信息

姓　　名		固定电话	
移动电话		电子邮箱	
身份证件类型		身份证件号码	
（身份证件复印件粘贴处）			

附表5

联络员信息

姓　　名		固定电话	
移动电话		电子邮箱	
身份证件类型		身份证件号码	
（身份证件复印件粘贴处）			

注：联络员主要负责本企业与企业登记机关的联系沟通，以本人个人信息登录企业信用信息公示系统依法向社会公示本企业有关信息等。联络员应了解企业登记相关法规和企业信息公示有关规定，熟练操作企业信用信息公示系统。

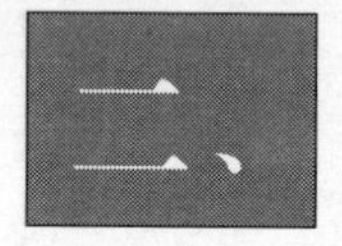

二、公司注销登记申请书

填写说明

1. 本申请书适用于有限责任公司、股份有限公司向公司登记机关申请注销登记。

2. 公司申请注销登记，已清算的，“申请人声明”由公司清算组负责人签署；因公司合并、分立未清算的，“申请人声明”由公司法定代表人签署；破产程序终结办理注销的，“申请人声明”由破产管理人签署。

3. 公司申请简易注销登记，不需要填写表格中的“清算组备案通知书文号”“公告报纸名称”。

4. 申请人提交的申请书应当使用 A4 型纸。依本表打印生成的，使用黑色钢笔或签字笔签署；手工填写的，使用黑色钢笔或签字笔工整填写、签署。

申请文书

公司注销登记申请书

注：请仔细阅读本申请书的填写说明，按要求填写。

<table>
<tr><td>名　　称</td><td colspan="2"></td><td>注册号/统一社会信用代码</td><td></td></tr>
<tr><td>公司类型</td><td colspan="2"></td><td>清算组备案通知书文号</td><td></td></tr>
<tr><td>注销原因</td><td colspan="4">☐ 公司章程规定的营业期限届满或其他解散事由出现；
☐ 股东决定、股东会、股东大会决议解散；
☐ 因公司合并或者分立需要解散；
☐ 依法被吊销营业执照、责令关闭或者被撤销；
☐ 人民法院依法予以解散；
☐ 公司被依法宣告破产；
☐ 法律、行政法规规定的其他解散情形：________</td></tr>
<tr><td>对外投资清理情况</td><td colspan="2">☐ 已清理完毕
☐ 无对外投资</td><td>分公司注销登记情况</td><td>☐ 已办理完毕
☐ 无分公司</td></tr>
<tr><td rowspan="3">适用简易注销情形</td><td colspan="2">☐未开业</td><td colspan="2">☐无债权债务</td></tr>
<tr><td>☐未发生债权债务</td><td>☐债权债务已清算完毕</td><td>☐未发生债权债务</td><td>☐债权债务已清算完毕</td></tr>
<tr><td colspan="2">☐人民法院裁定破产程序终结</td><td colspan="2">☐人民法院裁定强制清算终结</td></tr>
<tr><td>债权债务清理情况</td><td colspan="4">☐ 已清理完毕　☐ 无债权债务</td></tr>
</table>

续表

<table>
<tr><td>清税情况</td><td colspan="4">□ 已清理完毕　□ 未涉及纳税义务</td></tr>
<tr><td>公告情况</td><td>公告报纸名称</td><td></td><td>公告日期</td><td></td></tr>
<tr><td>申请人声明</td><td colspan="4">本公司依照《公司法》《公司登记管理条例》申请注销登记，提交材料真实有效。

签字：　　　　　　　　　　　　　　公司盖章
年　月　日</td></tr>
</table>

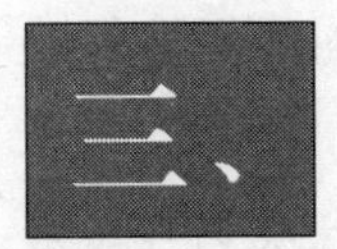

三、分公司登记申请书

填写说明

注：以下“说明”供填写申请书参照使用，不需向登记或核准机关提供。

1. 本申请书适用于有限责任公司、股份有限公司的分公司向登记机关申请设立、变更、注销登记及相关事项的备案。

2. 向登记机关提交的申请书只填写与本次申请有关的栏目。

3. 申请分公司设立登记，填写“基本信息”栏、“设立”栏，以及附表1“负责人信息”、附表2“财务负责人信息”、附表3“联络员信息”。其中，“申请人声明”由公司法定代表人签署，加盖公司公章。设立登记填写拟设立分公司名称及名称预先核准文号，不填写注册号或统一社会信用代码；办理其他登记填写分公司名称和注册号或统一社会信用代码。

4. 分公司申请变更/备案登记，填写“基本信息”栏及“变更/备案”栏有关内容。“申请人声明”由公司法定代表人签署，加盖公司公章。变更负责人的，应填写、提交拟任负责人信息（附表1“负责人信息”）。备案联络员的，应填写附表3“联络员信息”。“变更/备案”项目可加行续写或附页续写。

5. 分公司申请注销登记，填写“基本信息”栏及“注销”栏。“申请人声明”由公司法定代表人签署，加盖公司公章。

6. “经营范围”栏应根据公司章程、参照《国民经济行业分类》国家标准及有关规定填写。

7. 申请人提交的申请书应当使用A4型纸。依本表打印生成的，使用黑色钢笔或签字笔签署；手工填写的，使用黑色钢笔或签字笔工整填写、签署。

申请文书

分公司登记申请书

注：请仔细阅读本申请书的填写说明，按要求填写。

<table>
<tr><th colspan="4">□ 基本信息</th></tr>
<tr><td>公司名称</td><td></td><td>公司注册号/统一社会信用代码</td><td></td></tr>
<tr><td>分公司名称</td><td colspan="3"></td></tr>
<tr><td>分公司名称预先核准文号/注册号/统一社会信用代码</td><td colspan="3"></td></tr>
</table>

续表

<table>
<tr><td>营业场所</td><td colspan="3">______省（市/自治区）______市（地区/盟/自治州）______县（自治县/旗/自治旗/市/区）______乡（民族乡/镇/街道）______村（路/社区）______号</td></tr>
<tr><td>生产经营地</td><td colspan="3">______省（市/自治区）______市（地区/盟/自治州）______县（自治县/旗/自治旗/市/区）______乡（民族乡/镇/街道）______村（路/社区）______号</td></tr>
<tr><td>联系电话</td><td></td><td>邮政编码</td><td></td></tr>
<tr><td colspan="4">□设立</td></tr>
<tr><td>负责人</td><td></td><td>申请执照
副本数量</td><td>______个</td></tr>
<tr><td>分公司
经营范围</td><td colspan="3"></td></tr>
<tr><td>核算方式</td><td colspan="3">□ 独立核算　　□ 非独立核算</td></tr>
<tr><td colspan="4">□ 变更/备案</td></tr>
<tr><td>变更/备案项目</td><td>原登记/备案内容</td><td colspan="2">申请变更登记/备案内容</td></tr>
<tr><td></td><td></td><td colspan="2"></td></tr>
<tr><td></td><td></td><td colspan="2"></td></tr>
<tr><td></td><td></td><td colspan="2"></td></tr>
</table>

续表

<table>
<tr><td colspan="2">□ 注销</td></tr>
<tr><td>注销原因</td><td>□ 分公司被公司撤销； □ 分公司被依法责令关闭；
□ 分公司被吊销营业执照；□ 其他原因：</td></tr>
<tr><td>清税情况</td><td>□ 已清理完毕 □ 未涉及纳税义务</td></tr>
<tr><td colspan="2">□ 申请人声明</td></tr>
<tr><td colspan="2">本公司依照《公司法》《公司登记管理条例》及相关规定申请分公司登记，提交材料真实有效。通过联络员登录企业信用信息公示系统向登记机关报送、向社会公示的企业信息为本企业提供、发布的信息，信息真实、有效。
法定代表人签字： 公司盖章
年 月 日</td></tr>
</table>

附表 1

负责人信息

姓　　名		固定电话	
移动电话		电子邮箱	
身份证件类型		身份证件号码	
（身份证件复印件粘贴处）			
负责人签字： 年　　月　　日			

附表 2

财务负责人信息

姓　　名		固定电话	
移动电话		电子邮箱	
身份证件类型		身份证件号码	
（身份证件复印件粘贴处）			

附表 3

联络员信息

姓　　名		固定电话	
移动电话		电子邮箱	
身份证件类型		身份证件号码	
（身份证件复印件粘贴处）			

注：联络员主要负责本企业与企业登记机关的联系沟通，以本人个人信息登录企业信用信息公示系统依法向社会公示本企业有关信息等。联络员应了解企业登记相关法规和企业信息公示有关规定，熟练操作企业信用信息公示系统。

四、非公司企业法人登记（备案）申请书

填写说明

1. 本申请书适用于非公司企业法人向登记机关申请开业、变更登记及有关事项备案。

2. 向登记机关提交的申请书只填写与本次申请有关的栏目。

3. 申请非公司企业法人开业登记，填写“基本信息”栏、“开业”栏、“备案”栏有关内容，以及附表1“法定代表人信息”、附表2“财务负责人信息”、附表3“联络员信息”。“申请人声明”由企业组建负责人签署。

4. 非公司企业法人申请变更登记，填写“基本信息”栏及“变更”栏有关内容。“申请人声明”由原法定代表人或者拟任法定代表人签署并加盖企业法人公章。申请名称变更，在名称中增加“集团或（集团）”字样的，应当填写集团名称、集团简称（无集团简称的可不填）；申请法定代表人变更的，应填写、提交拟任法定代表人信息（附表1“法定代表人信息”）。变更项目可加行续写或附页续写。

5. 非公司企业法人在异地（跨原登记主管机关管辖地）增

设或者撤销分支机构，应向原登记机关申请变更登记，填写“基本信息”栏及“变更”栏有关内容。“申请人声明”由法定代表人签署并加盖企业法人公章。本项可加行续写或附页续写。

6. 非公司企业法人申请备案，填写“基本信息”栏及“备案”栏有关内容。“主管部门（出资人）”的“法人类型”根据“主管部门（出资人）”性质选择填写：国务院、地方人民政府、社会团体法人、事业法人或企业法人。申请联络员备案的，应填写附表3“联络员信息”。“申请人声明”由法定代表人签署并加盖企业法人公章。

7. 办理非公司企业法人开业登记填写企业名称预先核准通知书文号，不填写注册号或统一社会信用代码。办理变更登记、备案填写非公司企业法人名称和注册号或统一社会信用代码，不填写名称预先核准通知书文号。

8. “经济性质”应据实选择下列一项填写：全民所有制、集体所有制、联营。

9. “经营范围”根据企业章程、参照《国民经济行业分类》国家标准及有关规定填写。

10. 申请人提交的申请书应当使用A4型纸。依本表打印生成的，使用黑色钢笔或签字笔签署；手工填写的，使用黑色钢笔或签字笔工整填写、签署。

申请文书

非公司企业法人登记（备案）申请书

注：请仔细阅读本申请书的填写说明，按要求填写。

□ 基本信息			
名　　称			
名称预先核准文号/注册号/统一社会信用代码			
住　　所	______省（市/自治区）______市（地区/盟/自治州）______县（自治县/旗/自治旗/市/区）______乡（民族乡/镇/街道）______村（路/社区）______号		
生产经营地	______省（市/自治区）______市（地区/盟/自治州）______县（自治县/旗/自治旗/市/区）______乡（民族乡/镇/街道）______村（路/社区）______号		
联系电话		邮政编码	
□ 开业			
法定代表人姓　　名		职　　务	
注册资金	______万元	经济性质	
经营期限	____年　□ 长期	申请执照副本数量	______个

续表

<table>
<tr><td>经营范围</td><td colspan="4"></td></tr>
<tr><td colspan="5">□ 变更</td></tr>
<tr><td>变更项目</td><td colspan="2">原登记内容</td><td colspan="2">申请变更登记内容</td></tr>
<tr><td></td><td colspan="2"></td><td colspan="2"></td></tr>
<tr><td></td><td colspan="2"></td><td colspan="2"></td></tr>
<tr><td></td><td colspan="2"></td><td colspan="2"></td></tr>
<tr><td></td><td colspan="2"></td><td colspan="2"></td></tr>
<tr><td></td><td colspan="2"></td><td colspan="2"></td></tr>
<tr><td></td><td colspan="2"></td><td colspan="2"></td></tr>
<tr><td></td><td colspan="2"></td><td colspan="2"></td></tr>
<tr><td></td><td colspan="2"></td><td colspan="2"></td></tr>
<tr><td></td><td colspan="2"></td><td colspan="2"></td></tr>
<tr><td rowspan="2">分支机构</td><td>名　称</td><td>性　质</td><td>登记机关</td><td>登记类型</td></tr>
<tr><td></td><td>□法人 □非法人</td><td></td><td>□增设 □撤销</td></tr>
</table>

续表

<table>
<tr><th colspan="5">☐ 备案</th></tr>
<tr><td rowspan="4">主管部门
（出资人）</td><td>名　　称</td><td colspan="3"></td></tr>
<tr><td>法人类型</td><td colspan="3"></td></tr>
<tr><td>登记机关</td><td colspan="3"></td></tr>
<tr><td>证照号码</td><td colspan="3"></td></tr>
<tr><td>章程</td><td colspan="2">☐ 章程 ☐ 章程修正案</td><td>其他</td><td>☐ 财务负责人 ☐ 联络员</td></tr>
<tr><th colspan="5">☐ 申请人声明</th></tr>
<tr><td colspan="5">本企业依照《企业法人登记管理条例》《企业法人登记管理条例施行细则》及相关规定申请登记、备案，提交材料真实有效。通过联络员登录企业信用信息公示系统向登记机关报送、向社会公示的企业信息为本企业提供、发布的信息，信息真实、有效。

组建负责人（或法定代表人）签字：　　　　企业法人盖章
年　月　日</td></tr>
</table>

附表 1

法定代表人信息

姓　　名		固定电话	
移动电话		电子邮箱	
身份证件类型		身份证件号码	
（身份证件复印件粘贴处）			
法定代表人签字： 年　月　日			

附表2

财务负责人信息

姓　　名		固定电话	
移动电话		电子邮箱	
身份证件类型		身份证件号码	
（身份证件复印件粘贴处）			

附表 3

联络员信息

姓　　名		固定电话	
移动电话		电子邮箱	
身份证件类型		身份证件号码	
（身份证件复印件粘贴处）			

注：联络员主要负责本企业与企业登记机关的联系沟通，以本人个人信息登录企业信用信息公示系统依法向社会公示本企业有关信息等。联络员应了解企业登记相关法规和企业信息公示有关规定，熟练操作企业信用信息公示系统。

五、非公司企业法人注销登记申请书

填写说明

1. 本申请书适用于非公司企业法人向企业登记机关申请注销登记。

2. “主管部门（出资人）”根据“主管部门（出资人）”性质选择填写：国务院、地方人民政府、社会团体法人、事业法人或企业法人。

3. “经济性质”应据实选择下列一项填写：全民所有制、集体所有制、联营。

4. 非公司企业法人申请注销登记，“申请人声明”由企业法定代表人签署并加盖企业法人公章。

5. 申请人提交的申请书应当使用A4型纸。依本表打印生成的，使用黑色钢笔或签字笔签署；手工填写的，使用黑色钢笔或签字笔工整填写、签署。

申请文书

非公司企业法人注销登记申请书

注：请仔细阅读本申请书的填写说明，按要求填写。

<table>
<tr><td>名　　称</td><td colspan="4"></td></tr>
<tr><td>注册号/统一社会信用代码</td><td colspan="4"></td></tr>
<tr><td>主管部门（出资人）</td><td colspan="4"></td></tr>
<tr><td>经济性质</td><td colspan="4"></td></tr>
<tr><td>注销原因</td><td colspan="4">□ 企业法人歇业；
□ 依法被吊销营业执照、责令关闭；
□ 被撤销；
□ 人民法院宣告破产；
□ 其他原因终止营业：____________</td></tr>
<tr><td rowspan="3">适用简易注销情形</td><td colspan="2">□未开业</td><td colspan="2">□无债权债务</td></tr>
<tr><td>□未发生债权债务</td><td>□债权债务已清算完毕</td><td>□未发生债权债务</td><td>□债权债务已清算完毕</td></tr>
<tr><td colspan="2">□人民法院裁定破产程序终结</td><td colspan="2">□人民法院裁定强制清算终结</td></tr>
<tr><td>债权债务清理情况</td><td colspan="4">□ 主管部门或者清算组织负责清理债权债务
□ 债务清理完结</td></tr>
<tr><td>清税情况</td><td colspan="4">□ 已清理完毕
□ 未涉及纳税义务</td></tr>
</table>

续表

<table>
<tr><td>缴回公章情况</td><td>☐ 已缴回　　　　☐ 未缴回</td></tr>
<tr><td>申请人声明</td><td>本企业依照《企业法人登记管理条例》《企业法人登记管理条例施行细则》申请注销登记，提交材料真实有效。

法定代表人签字：　　　　企业法人盖章
年　月　日</td></tr>
</table>

六、营业单位登记申请书

填写说明

1. 本申请书适用于营业单位、非法人分支机构向企业登记机关申请开业、变更、注销登记及相关事项的备案。

2. 向登记机关提交的申请书只填写与本次申请有关的栏目。

3. 申请营业单位或非法人分支机构开业登记，填写“基本信息”栏、“开业”栏，以及附表1“负责人信息”、附表2“财务负责人信息”、附表3“联络员信息”。其中，“申请人声明”由隶属单位（企业）法定代表人签署，加盖隶属单位（企业）公章。开业登记填写拟设立营业单位或非法人分支机构名称及名称预先核准文号，不填写注册号或统一社会信用代码，办理其他登记填写营业单位或非法人分支机构名称和注册号或统一社会信用代码。

4. 营业单位或非法人分支机构申请变更/备案登记，填写“基本信息”栏及“变更/备案”栏有关内容。“申请人声明”由隶属单位（企业）法定代表人签署，加盖隶属单位（企业）

公章。变更负责人的，应填写、提交拟任负责人信息（附表1“负责人信息”）。备案联络员的，应填写附表3“联络员信息”。“变更/备案”项目可加行续写或附页续写。

5. 营业单位或非法人分支机构申请注销登记，填写“基本信息”栏及“注销”栏。“申请人声明”由隶属单位（企业）法定代表人签署，加盖隶属单位（企业）公章。

6. “经营范围”栏应根据企业章程、参照《国民经济行业分类》国家标准及有关规定填写。

7. 申请人提交的申请书应当使用A4型纸。依本表打印生成的，使用黑色钢笔或签字笔签署；手工填写的，使用黑色钢笔或签字笔工整填写、签署。

申请文书

营业单位登记申请书

注：请仔细阅读本申请书的填写说明，按要求填写。

□ 基本信息			
隶属单位（企业）		注册号/统一社会信用代码	
营业单位名称			
名称预先核准文号/注册号/统一社会信用代码			

续表

<table>
<tr><td>地　　址</td><td colspan="3">______省（市/自治区）______市（地区/盟/自治州）______县（自治县/旗/自治旗/市/区）______乡（民族乡/镇/街道）______村（路/社区）______号</td></tr>
<tr><td>生产经营地</td><td colspan="3">______省（市/自治区）______市（地区/盟/自治州）______县（自治县/旗/自治旗/市/区）______乡（民族乡/镇/街道）______村（路/社区）______号</td></tr>
<tr><td>邮政编码</td><td></td><td>联系电话</td><td></td></tr>
<tr><td colspan="4">□ 开业</td></tr>
<tr><td>负责人</td><td></td><td>联系电话</td><td></td></tr>
<tr><td>资金数额</td><td>______万元</td><td>申请执照副本数量</td><td>______个</td></tr>
<tr><td>经营范围</td><td colspan="3"></td></tr>
<tr><td>核算方式</td><td colspan="3">□ 独立核算　□ 非独立核算</td></tr>
<tr><td colspan="4">□ 变更/备案</td></tr>
<tr><td>变更/备案项目</td><td colspan="2">原登记/备案内容</td><td>申请变更登记/备案内容</td></tr>
<tr><td></td><td colspan="2"></td><td></td></tr>
<tr><td></td><td colspan="2"></td><td></td></tr>
<tr><td></td><td colspan="2"></td><td></td></tr>
<tr><td colspan="4">□ 注销</td></tr>
<tr><td>注销原因</td><td colspan="3">□ 所属企业法人歇业；　□ 隶属单位决定撤销；
□ 被登记机关依法吊销或撤销；□ 其他原因：</td></tr>
</table>

续表

<table>
<tr><td>债权债务清理</td><td>☐ 主管部门或者清算组织负责清理债权债务
☐ 债务清理完结</td></tr>
<tr><td>清税情况</td><td>☐ 已清理完毕　　☐ 未涉及纳税义务</td></tr>
<tr><td>缴回公章情况</td><td>☐ 已缴回　　☐ 未缴回</td></tr>
<tr><td colspan="2">☐ 申请人声明</td></tr>
<tr><td colspan="2">本企业依照《企业法人登记管理条例》《企业法人登记管理条例施行细则》及相关规定申请登记，提交材料真实有效。通过联络员登录企业信用信息公示系统向登记机关报送、向社会公示的企业信息为本企业提供、发布的信息，信息真实、有效。

法定代表人签字：　　　　　　　隶属单位（企业）盖章
年　　月　　日</td></tr>
</table>

附表 1

负责人信息

姓　　名		固定电话	
移动电话		电子邮箱	
身份证件类型		身份证件号码	
（身份证件复印件粘贴处）			
负责人签字： 年　　月　　日			

附表2

财务负责人信息

<table>
<tr><td>姓　　名</td><td></td><td>固定电话</td><td></td></tr>
<tr><td>移动电话</td><td></td><td>电子邮箱</td><td></td></tr>
<tr><td>身份证件类型</td><td></td><td>身份证件号码</td><td></td></tr>
<tr><td colspan="4">（身份证件复印件粘贴处）</td></tr>
</table>

附表 3

联络员信息

姓　　名		固定电话	
移动电话		电子邮箱	
身份证件类型		身份证件号码	
（身份证件复印件粘贴处）			

注：联络员主要负责本企业与企业登记机关的联系沟通，以本人个人信息登录企业信用信息公示系统依法向社会公示本企业有关信息等。联络员应了解企业登记相关法规和企业信息公示有关规定，熟练操作企业信用信息公示系统。

七、非公司企业法人改制登记申请书

填写说明

1. 本申请书适用于非公司企业法人申请改制为公司，向公司登记机关申请登记。

2. “经济性质”栏应据实选择下列一项填写：全民所有制、集体所有制、联营。

3. 改制后公司登记事项，应据改制批准文件及公司章程填写。填写“改制后公司登记事项”栏有关内容及附表1“法定代表人信息”、附表2“董事、监事、经理信息”、附表3“股东（发起人）出资情况”、附表4“财务负责人信息”、附表5“联络员信息”。“申请人声明”由公司拟任法定代表人签署。

4. 公司类型应当填写“有限责任公司”或“股份有限公司”。其中，国有独资公司应当填写“有限责任公司（国有独资）”；一人有限责任公司应当注明“一人有限责任公司（自然人独资）”或“一人有限责任公司（法人独资）”。

5. 股份有限公司应在“设立方式”栏选择填写“发起设

立”或者“募集设立”。有限责任公司无需填写此项。

6.“经营范围”栏应根据公司章程、参照《国民经济行业分类》国家标准及有关规定填写。

7. 本申请书应当由企业原法定代表人或公司拟任法定代表人签署，并加盖企业法人公章。

8. 申请人提交的申请书应当使用 A4 型纸。依本表打印生成的，使用黑色钢笔或签字笔签署；手工填写的，使用黑色钢笔或签字笔工整填写、签署。

申请文书

非公司企业法人改制登记申请书

注：请仔细阅读本申请书的填写说明，按要求填写。

非公司企业法人基本信息	名　　称			
	注册号/统一社会信用代码		注册资金	______万元
	法定代表人		经济性质	
	主管部门（出资人）名称			

续表

<table>
<tr><td rowspan="10">改制后公司登记事项</td><td>名　称</td><td colspan="3"></td></tr>
<tr><td>住　所</td><td colspan="3">______省（市/自治区）______市（地区/盟/自治州）______县（自治县/旗/自治旗/市/区）______乡（民族乡/镇/街道）______村（路/社区）______号</td></tr>
<tr><td>生产经营地</td><td colspan="3">______省（市/自治区）______市（地区/盟/自治州）______县（自治县/旗/自治旗/市/区）______乡（民族乡/镇/街道）______村（路/社区）______号</td></tr>
<tr><td>法定代表人姓名</td><td></td><td>职　务</td><td>☐ 董事长 ☐ 执行董事 ☐ 经理</td></tr>
<tr><td>注册资本</td><td>______万元</td><td>公司类型</td><td></td></tr>
<tr><td>联系电话</td><td></td><td>邮政编码</td><td></td></tr>
<tr><td>设立方式（股份公司填写）</td><td colspan="3">☐ 发起设立　　　　☐ 募集设立</td></tr>
<tr><td>经营范围</td><td colspan="3"></td></tr>
<tr><td>营业期限</td><td>☐___年　☐ 长期</td><td>申请执照副本数量</td><td>______个</td></tr>
<tr><td colspan="4" style="display:none"></td></tr>
<tr><td>申请人声明</td><td colspan="4">本企业依照《公司法》《公司登记管理条例》及相关规定申请改制登记，提交材料真实有效。通过联络员登录企业信用信息公示系统向登记机关报送、向社会公示的企业信息为本企业提供、发布的信息，信息真实、有效。

法定代表人签字：　　　　　　　　企业盖章
年　月　日</td></tr>
</table>

附表 1

法定代表人信息

姓　　名		固定电话	
移动电话		电子邮箱	
身份证件类型		身份证件号码	
（身份证件复印件粘贴处）			
法定代表人签字： 年　月　日			

附表 2

董事、监事、经理信息

<table>
<tr><td>姓名________职务____________身份证件类型____________
身份证件号码________________

（身份证件复印件粘贴处）</td></tr>
<tr><td>姓名________职务____________身份证件类型____________
身份证件号码________________

（身份证件复印件粘贴处）</td></tr>
<tr><td>姓名________职务____________身份证件类型____________
身份证件号码________________

（身份证件复印件粘贴处）</td></tr>
</table>

附表3

股东（发起人）出资情况

股东（发起人）名称或姓名	证件类型	证件号码	出资时间	出资方式	认缴出资额（万元）	出资比例

附表 4

财务负责人信息

<table>
<tr><td>姓　　名</td><td></td><td>固定电话</td><td></td></tr>
<tr><td>移动电话</td><td></td><td>电子邮箱</td><td></td></tr>
<tr><td>身份证件类型</td><td></td><td>身份证件号码</td><td></td></tr>
<tr><td colspan="4">（身份证件复印件粘贴处）</td></tr>
</table>

附表5

联络员信息

姓　　名		固定电话	
移动电话		电子邮箱	
身份证件类型		身份证件号码	
（身份证件复印件粘贴处）			

注：联络员主要负责本企业与企业登记机关的联系沟通，以本人个人信息登录企业信用信息公示系统依法向社会公示本企业有关信息等。联络员应了解企业登记相关法规和企业信息公示有关规定，熟练操作企业信用信息公示系统。

八、合伙企业登记（备案）申请书

填写说明

1. 本申请书适用合伙企业向登记机关申请设立、变更、备案及注销登记。

2. 向登记机关提交的申请书只填写与本次申请有关的栏目。

3. 申请合伙企业设立登记，填写“基本信息”栏、“设立”栏有关内容，以及附表1“执行事务合伙人（含委派代表）信息”、附表2“全体合伙人名录及出资情况”、附表3“全体合伙人主体资格证明或自然人身份证明复印件”、附表9“联络员信息”、附表10“财务负责人信息”。需要填写委托书的，填写附表4、附表5、附表6、附表7、附表8相应的委托书。“申请人声明”由企业拟任执行事务合伙人（含委派代表）签署。“合伙人名称或姓名”栏可加行续写或附页续写。

4. 合伙企业申请变更登记，填写“基本信息”栏及“变更”栏有关内容。“申请人声明”由原执行事务合伙人（含委派代表）或者拟任执行事务合伙人（含委派代表）签署并加盖企业公章。申请变更同时需要“备案”的，同时填写“备案”栏有关内容。申请企业执行事务合伙人（含委派代表）变更的，应填写、提交拟任执行事务合伙人（含委派代表）信息［附表1“执行事务合伙人（含委派代表）信息”］；申请合伙人及投资情况变更的，应填写、提交合伙人基本信息及投资情况（附表2“全体合伙人名录及出资情况”）。变更项目可加行续写或附页续写。

5. 合伙企业增设（注销）分支机构应向原登记机关备案，填写“基本信息”栏及“备案”栏有关内容，“申请人声明”由执行事务合伙人（含委派代表）签署并加盖企业公章。“增设分支机构”项可加行续写或附页续写。

6. 合伙企业协议修订或其他事项备案，填写“基本信息”栏及“备案”栏有关内容。申请合伙人出资信息变化备案的，应填写附表2“全体合伙人名录及出资情况”；申请工商联络员备案的，应填写附表9“联络员信息”。“申请人声明”由执行事务合伙人（含委派代表）签署并加盖企业公章；申请清算组成员备案的，“申请人声明”由合伙企业清算人签署。

7. 办理合伙企业设立登记填写名称预先核准通知书文号，不填写注册号/统一社会信用代码。办理变更登记、备案填写注册号/统一社会信用代码，不填写名称预先核准通知书文号。未进行名称预先核准的，按拟使用优先顺序填写“名称”和“备用名称”。

8. “经营范围”栏应根据企业合伙协议、参照《国民经济行业分类》国家标准及有关规定填写。

9. 申请注销登记，填写“基本信息”栏及“注销”栏。

“申请人声明”由清算人签署，加盖合伙企业公章。

10. 申请人提交的申请书应当使用A4型纸。依本表打印生成的，使用黑色钢笔或签字笔签署；手工填写的，使用黑色钢笔或签字笔工整填写、签署。

二、填写规范

1. 执行事务合伙人或委派代表一栏填写自然人姓名、法人或其他组织的名称及其委派代表的姓名。

2. 合伙企业类型填写“普通合伙企业”“特殊的普通合伙企业”或“有限合伙企业”。

3. 合伙协议未规定合伙期限的，合伙期限一栏可不填。

4. 申请设立普通合伙企业、特殊的普通合伙企业，有限合伙人数一栏可不填。

5. 从业人数一栏，填写企业拟聘用从业人员的数量。

6. 出资额为各合伙人实际缴付或认缴的货币出资及非货币出资评估作价金额之和（均以人民币表示)。

7. 主要经营场所只能有一个，应填写所在市、县、乡（镇）及村、街道门牌号码。

8. 以货币出资的，评估方式不填；以非货币财产出资的，出资方式填写“实物、知识产权、土地使用权或其他财产权利”，评估方式填写“全体合伙人评估或机构评估”；以劳务出资的，出资方式填写“劳务”，评估方式填写“全体合伙人评估”。

9. 缴付期限填写合伙协议约定的缴付期限。

10. 承担责任方式填写“无限责任”“特殊的普通合伙人责任”或“有限责任”。

11. 办理变更登记，申请人只填写申请书中登记事项变更的栏目，登记事项未变的不填。

12. 办理注销登记，在异地设有分支机构的合伙企业，应当提交分支机构所在地企业登记机关核发的分支机构注销登记决定书。

13. 申请人应当按要求如实填写财务负责人信息、联络员信息。

申请文书

合伙企业登记（备案）申请书

注：请仔细阅读本申请书的填写说明，按要求填写。

□ 基本信息	
名　称	
备用名称 1	
备用名称 2	
名称预先核准文号/注册号/统一社会信用代码	
主要经营场所	________省（市/自治区）________市（地区/盟/自治州）______县（自治县/旗/自治旗/市/区）________乡（民族乡/镇/街道）________村（路/社区）________号

续表

<table>
<tr><td>生产经营地</td><td colspan="3">________省（市/自治区）________市（地区/盟/自治州）______县（自治县/旗/自治旗/市/区）______乡（民族乡/镇/街道）________村（路/社区）______号</td></tr>
<tr><td>联系电话</td><td></td><td>邮政编码</td><td></td></tr>
<tr><td colspan="4">□设立</td></tr>
<tr><td rowspan="2">执行事务合伙人</td><td>姓名或名称</td><td colspan="2"></td></tr>
<tr><td>委派代表（仅限执行事务合伙人为法人或其他组织时填写）</td><td colspan="2"></td></tr>
<tr><td>合伙企业类型</td><td colspan="3">□ 普通合伙　□ 特殊的普通合伙　□ 有限合伙</td></tr>
<tr><td>出资额（万元）</td><td colspan="3">其中：实缴________万元，认缴________万元</td></tr>
<tr><td>经营范围</td><td colspan="3"></td></tr>
<tr><td>合伙期限</td><td colspan="3">自____年____月____日到____年____月____日</td></tr>
<tr><td>合伙人数</td><td></td><td>其中，有限合伙人数（仅限有限合伙填写）</td><td></td></tr>
<tr><td>从业人数</td><td colspan="3"></td></tr>
</table>

续表

<table>
<tr><td colspan="6">全体合伙人签字：

申请日期：</td></tr>
<tr><td colspan="6">□ 变更</td></tr>
<tr><td>变更项目</td><td colspan="2">原登记内容</td><td colspan="3">申请变更登记内容</td></tr>
<tr><td></td><td colspan="2"></td><td colspan="3"></td></tr>
<tr><td></td><td colspan="2"></td><td colspan="3"></td></tr>
<tr><td></td><td colspan="2"></td><td colspan="3"></td></tr>
<tr><td></td><td colspan="2"></td><td colspan="3"></td></tr>
<tr><td colspan="6">执行事务合伙人（含委派代表）签字：

申请日期：</td></tr>
<tr><td colspan="6">□ 备案</td></tr>
<tr><td rowspan="2">分支机构
□ 增设
□ 注销</td><td>名称</td><td colspan="2"></td><td>注册号/统一社会信用代码</td><td></td></tr>
<tr><td>登记机关</td><td colspan="2"></td><td>登记日期</td><td></td></tr>
</table>

续表

<table>
<tr><td rowspan="2">清算人成员</td><td>清算人</td><td></td><td>联系电话</td><td></td></tr>
<tr><td>成员名单</td><td colspan="3"></td></tr>
<tr><td>合伙协议</td><td colspan="4">□ 初次备案　□ 涉及变更事项备案</td></tr>
<tr><td>其他</td><td colspan="4">□ 联络员　□ 财务负责人</td></tr>
<tr><td colspan="5">□ 注销</td></tr>
<tr><td>注销原因</td><td colspan="4">□ 合伙期限届满，合伙人决定不再经营；
□ 合伙协议约定的解散事由出现；
□ 全体合伙人决定解散；
□ 合伙人已不具备法定人数满三十天；
□ 合伙协议约定的合伙目的已经实现或者无法实现；
□ 依法被吊销营业执照、责令关闭或者被撤销；
□ 法律、行政法规规定的其他原因：________</td></tr>
<tr><td>分支机构注销情况</td><td colspan="4"></td></tr>
<tr><td rowspan="3">适用简易注销情形</td><td colspan="2">□未开业</td><td colspan="2">□无债权债务</td></tr>
<tr><td>□未发生债权债务</td><td>□债权债务已清算完毕</td><td>□未发生债权债务</td><td>□债权债务已清算完毕</td></tr>
<tr><td colspan="2">□人民法院裁定破产程序终结</td><td colspan="2">□人民法院裁定强制清算终结</td></tr>
<tr><td>清税情况</td><td colspan="4">□ 已清理完毕
□ 未涉及纳税义务</td></tr>
</table>

续表

□ 申请人声明
本企业依照相关法律法规规定申请登记、备案，提交材料真实有效。通过联络员登录企业信用信息公示系统向登记机关报送、向社会公示的企业信息为本企业提供、发布的信息，信息真实、有效。 执行事务合伙人（含委派代表）签字：　　　　　　　公章 清算人签字：　　　　　　　　　　　年　　月　　日

附表 1

执行事务合伙人（含委派代表）信息

姓　　名		固定电话	
移动电话		电子邮箱	
身份证件类型		身份证件号码	
（身份证件复印件粘贴处）			

附表2

全体合伙人名录及出资情况

合伙人名称或姓名	住所	证件类型及号码	承担责任方式	出资方式	评估方式	认缴出资额（万元）	实缴出资额（万元）	缴付期限

全体合伙人签名：　　　　　　　　　　日期：

附表3

全体合伙人主体资格证明或自然人身份证明复印件

复印件粘贴处

附表 4

全体合伙人委托执行事务合伙人的委托书

经全体合伙人协商一致，同意委托________为执行事务合伙人。

全体合伙人：

年　　月　　日

附表 5

法人或其他组织委派代表的委托书

我单位作为合伙企业____________________的执行事务合伙人，现委托________代表我单位执行合伙事务。

委托单位法定代表人（负责人）签字：

委托单位印章

年　　月　　日

附表6

全体合伙人委派分支机构负责人的委托书

经全体合伙人与受托人协商一致，全体合伙人委派受托人为全体合伙人所办的合伙企业（名称）____________________________的分支机构（名称）______________________负责人。

全体合伙人：　　　　　　　　　　　　受托人：

年　　月　　日　　　　　　　　　　　年　　月　　日

附表7

全体合伙人指定代表或共同委托代理人的委托书

经全体合伙人与受托人协商一致，全体合伙人指定＿＿＿＿＿＿＿做代表人或共同委托代理人＿＿＿＿＿＿＿向登记机关申请办理合伙企业（分支机构）的设立（变更、注销）登记事宜。

全体合伙人：　　　　　　　　　　　　受托人：

年　　月　　日　　　　　　　　　　年　　月　　日

附表 8

执行事务合伙人（含委派代表）指定的代表或者委托的代理人的委托书

作为合伙企业（名称）________________________的执行事务合伙人或委派代表，现指定代表或者委托代理人________________向登记机关申请办理合伙企业（分支机构）的变更（注销）登记事宜。

执行事务合伙人（含委派代表）签字：　　　　受托人：

年　月　日　　　　年　月　日

附表9

联络员信息

姓　名		固定电话	
移动电话		电子邮箱	
身份证件类型		身份证件号码	
（身份证件复印件粘贴处）			

注：联络员主要负责本企业与企业登记机关的联系沟通，以本人个人信息登录企业信用信息公示系统依法向社会公示本企业有关信息等。联络员应了解企业登记相关法规和企业信息公示有关规定，熟练操作企业信用信息公示系统。

附表 10

财务负责人信息

姓　　名		固定电话	
移动电话		电子邮箱	
身份证件类型		身份证件号码	
（身份证件复印件粘贴处）			

九、个人独资企业登记（备案）申请书

填写说明

一、填写说明

1. 本申请书适用个人独资企业向登记机关申请设立、变更、备案及注销登记。

2. 向登记机关提交的申请书只填写与本次申请有关的栏目。

3. 申请企业设立登记，填写“基本信息”栏、“设立”栏有关内容，以及附表1“投资人信息”、附表2“联络员信息”、附表3“财务负责人信息”。“申请人声明”由企业投资人签署。

4. 企业申请变更登记，填写“基本信息”栏及“变更”栏有关内容。“申请人声明”由原投资人签署并加盖企业公章。申请变更同时需要“备案”的，同时填写“备案”栏有关内容。申请企业投资人变更的，应填写、提交拟任投资人的信息（附表1“投资人信息”）。变更项目可加行续写或附页续写。

5. 企业增设（注销）分支机构应向原登记机关备案，填写“基本信息”栏及“备案”栏有关内容，“申请人声明”由投资人签署并加盖企业公章。“增设（注销）分支机构”项可加行续写或附页续写。

6. 企业申请其他事项备案，填写“基本信息”栏及“备案”栏有关内容。申请联络员备案的，应填写附表 2“联络员信息”。“申请人声明”由企业投资人签署并加盖企业公章。

7. 办理企业设立登记填写名称预先核准通知书文号，不填写注册号/统一社会信用代码。办理变更登记、备案填写注册号/统一社会信用代码，不填写名称预先核准通知书文号。未进行名称预先核准的，按拟使用填写“名称”。

8. “经营范围”栏应参照《国民经济行业分类》国家标准及有关规定填写。

9. 企业申请注销登记，填写“基本信息”栏及“注销”栏有关内容。“申请人声明”由投资人或清算人签署并加盖企业公章。

10. 申请人提交的申请书应当使用 A4 型纸。依本表打印生成的，使用黑色钢笔或签字笔签署；手工填写的，使用黑色钢笔或签字笔工整填写、签署。

二、填写规范

1. 申请书中“居所”是指投资人的现住址。申请人在填写申请书中“居所”“企业住所”栏时，应填写所在市、县、乡（镇）及村、街道门牌号码。

2. 申请人在填写“出资方式”栏时，在选择项的序号上划“√”。

3. 申请人在填写申请书中“从业人数”栏时，应填写企业拟聘用从业人员的数量。

4. 申请变更登记，申请人只填写登记事项变更的栏目，登记事项未变的不填。以个人财产出资变更为以家庭共有财产作为个人出资的，家庭成员应签名。

5. 申请人应当按要求如实填写财务负责人信息、联络员信息。

申请文书

个人独资企业登记（备案）申请书

注：请仔细阅读本申请书的填写说明，按要求填写。

□ 基本信息	
名　称	
备用名称 1	
备用名称 2	
名称预先核准文号/注册号/统一社会信用代码	
企业住所	________省（市/自治区）______市（地区/盟/自治州）________县（自治县/旗/自治旗/市/区）________乡（民族乡/镇/街道）________村（路/社区）________号
生产经营地	________省（市/自治区）______市（地区/盟/自治州）________县（自治县/旗/自治旗/市/区）________乡（民族乡/镇/街道）________村（路/社区）________号

续表

<table>
<tr><td>联系电话</td><td></td><td>邮政编码</td><td colspan="2"></td></tr>
<tr><td colspan="5">☐ 设立</td></tr>
<tr><td>出资额</td><td></td><td>从业人数</td><td colspan="2"></td></tr>
<tr><td>出资方式</td><td colspan="4">☐ 1. 以个人财产出资
☐ 2. 以家庭共有财产作为个人出资
出资人的家庭成员签名：________</td></tr>
<tr><td>经营范围</td><td colspan="4"></td></tr>
<tr><td colspan="5">☐ 变更</td></tr>
<tr><td>变更项目</td><td colspan="2">原登记内容</td><td colspan="2">申请变更登记内容</td></tr>
<tr><td></td><td colspan="2"></td><td colspan="2"></td></tr>
<tr><td></td><td colspan="2"></td><td colspan="2"></td></tr>
<tr><td></td><td colspan="2"></td><td colspan="2"></td></tr>
<tr><td></td><td colspan="2"></td><td colspan="2"></td></tr>
<tr><td colspan="5">☐ 备案</td></tr>
<tr><td rowspan="2">分支机构
☐ 增设
☐ 注销</td><td>名称</td><td></td><td>注册号/统一社会信用代码</td><td></td></tr>
<tr><td>登记机关</td><td></td><td>登记日期</td><td></td></tr>
<tr><td>其他</td><td colspan="4">☐ 联络员　　☐ 财务负责人</td></tr>
</table>

续表

<table>
<tr><td colspan="5">□ 注销</td></tr>
<tr><td>注销原因</td><td colspan="4">□ 投资人决定解散；
□ 投资人死亡或者被宣告死亡，无继承人或者继承人决定放弃继承；
□ 依法被吊销营业执照；
□ 法律、行政法规规定的其他情形：________</td></tr>
<tr><td>分支机构注销情况</td><td colspan="4"></td></tr>
<tr><td rowspan="3">适用简易注销情形</td><td colspan="2">□未开业</td><td colspan="2">□无债权债务</td></tr>
<tr><td>□未发生债权债务</td><td>□债权债务已清算完毕</td><td>□未发生债权债务</td><td>□债权债务已清算完毕</td></tr>
<tr><td colspan="2">□人民法院裁定破产程序终结</td><td colspan="2">□人民法院裁定强制清算终结</td></tr>
<tr><td>清税情况</td><td colspan="4">□ 已清理完毕
□ 未涉及纳税义务</td></tr>
<tr><td colspan="5">□ 申请人声明</td></tr>
<tr><td colspan="5">本企业依照相关法律法规规定申请登记、变更（备案）、注销，提交材料真实有效。通过联络员登录企业信用信息公示系统向登记机关报送、向社会公示的企业信息为本企业提供、发布的信息，信息真实、有效。

投资人签字：
投资人或清算人签字：　　　　　　企业盖章
年　　月　　日</td></tr>
</table>

附表 1

投资人信息

姓　名		性　别	
出生日期		民　族	
文化程度		政治面貌	
移动电话		电子邮箱	
身份证件类型		身份证件号码	
居　所		邮政编码	
申请前职业状况			
（身份证件复印件粘贴处）			

附表 2

联络员信息

姓　　名		固定电话	
移动电话		电子邮箱	
身份证件类型		身份证件号码	
（身份证件复印件粘贴处）			

注：联络员主要负责本企业与企业登记机关的联系沟通，以本人个人信息登录企业信用信息公示系统依法向社会公示本企业有关信息等。联络员应了解企业登记相关法规和企业信息公示有关规定，熟练操作企业信用信息公示系统。

附表 3

财务负责人信息

姓　　名		固定电话	
移动电话		电子邮箱	
身份证件类型		身份证件号码	
（身份证件复印件粘贴处）			

十、个人独资（合伙）企业分支机构登记申请书

填写说明

一、填写说明

1. 本申请书适用于合伙企业及个人独资企业分支机构向登记机关申请设立、变更、注销登记。

2. 向登记机关提交的申请书只填写与本次申请有关的栏目。

3. 申请分支机构设立登记，填写“基本信息”栏和“设立”栏，以及附表1“负责人信息”、附表2“财务负责人信息”、附表3“联络员信息”。其中，“申请人声明”由隶属企业投资人（合伙企业执行事务合伙人或委派代表）签署，加盖隶属企业公章。设立登记填写拟设立分支机构名称及名称预先核准文号，不填写注册号/统一社会信用代码。办理变更或注销登记填写分支机构名称和注册号/统一社会信用代码。未进行名称预先核准的，按拟使用优先顺序填写“名称”和“备用名称”。

4. 合伙企业分支机构隶属合伙企业有合伙期限的应当填写“经营期限”，“经营期限”不得超过隶属合伙企业的合伙期限。

5. 分支机构申请变更/备案登记，填写“基本信息”栏及

“变更/备案”栏有关内容。“申请人声明”由隶属企业投资人（合伙企业执行事务合伙人或委派代表）签署，加盖隶属企业公章。变更负责人的，应填写、提交拟任负责人信息（附表1“负责人信息”）。备案联络员的，应填写附表3“联络员信息”。“变更/备案”项目可加行续写或附页续写。

6. 分支机构申请注销登记，填写“基本信息”栏及“注销”栏。“申请人声明”由隶属企业投资人（合伙企业执行事务合伙人或委派代表）签署，加盖隶属企业公章。

7. “经营范围”栏应参照《国民经济行业分类》国家标准及有关规定填写（合伙企业分支机构还应根据隶属合伙企业协议填写）。

8. 申请人提交的申请书应当使用A4型纸。依本表打印生成的，使用黑色钢笔或签字笔签署；手工填写的，使用黑色钢笔或签字笔工整填写、签署。

二、填写规范

1. 申请人在填写申请书中“从业人员数”栏时，应填写拟聘用从业人员的数量。

2. 申请人应当按要求如实填写财务负责人信息、联络员信息。

申请文书

个人独资（合伙）企业分支机构登记申请书

注：请仔细阅读本申请书的填写说明，按要求填写。

<table>
<tr><td colspan="4">□ 基本信息</td></tr>
<tr><td>分支机构名称</td><td colspan="3"></td></tr>
<tr><td>备用名称1</td><td colspan="3"></td></tr>
<tr><td>备用名称2</td><td colspan="3"></td></tr>
<tr><td>分支机构名称预先核准文号/注册号/统一社会信用代码</td><td colspan="3"></td></tr>
<tr><td>经营场所</td><td colspan="3">______省（市/自治区）______市（地区/盟/自治州）______县（自治县/旗/自治旗/市/区）______乡（民族乡/镇/街道）______村（路/社区）______号</td></tr>
<tr><td>生产经营地</td><td colspan="3">______省（市/自治区）______市（地区/盟/自治州）______县（自治县/旗/自治旗/市/区）______乡（民族乡/镇/街道）______村（路/社区）______号</td></tr>
<tr><td>联系电话</td><td></td><td>邮政编码</td><td></td></tr>
<tr><td colspan="4">□ 设立</td></tr>
<tr><td>负责人姓名</td><td></td><td>负责人居所</td><td></td></tr>
</table>

续表

<table>
<tr><td>负责人身份证号</td><td colspan="3"></td></tr>
<tr><td>联系电话</td><td></td><td>邮政编码</td><td></td></tr>
<tr><td>从业人数</td><td colspan="3"></td></tr>
<tr><td>经营期限（仅合伙企业填写）</td><td colspan="3">自____年____月____日到____年____月____日</td></tr>
<tr><td>分支机构经营范围及方式</td><td colspan="3"></td></tr>
<tr><td>核算方式</td><td colspan="3">□ 独立核算　　□ 非独立核算</td></tr>
</table>

□ 变更/备案

变更/备案项目	原登记/备案内容	申请变更登记/备案内容

续表

<table>
<tr><td colspan="2">□ 注销</td></tr>
<tr><td>注销原因</td><td>□ 分支机构被上级企业撤销；
□ 分支机构被依法责令关闭；
□ 分支机构被吊销营业执照；
□ 其他原因：</td></tr>
<tr><td>清税情况</td><td>□ 已清理完毕　□ 未涉及纳税义务</td></tr>
<tr><td colspan="2">□ 申请人声明</td></tr>
<tr><td colspan="2">本企业依照相关法律法规规定申请分支机构登记，提交材料真实有效。通过联络员登录企业信用信息公示系统向登记机关报送、向社会公示的企业信息为本企业提供、发布的信息，信息真实、有效。

隶属企业投资人（合伙企业
执行事务合伙人或委派代表）签字：

隶属企业公章
年　月　日</td></tr>
</table>

附表 1

负责人信息

姓　　名			
固定电话		移动电话	
电子邮箱			
申请前职业状况			
身份证件类型			
身份证件号码			
（身份证件复印件粘贴处）			
负责人签字： 年　　月　　日			

附表 2

财务负责人信息

姓　　名		固定电话	
移动电话		电子邮箱	
身份证件类型		身份证件号码	
（身份证件复印件粘贴处）			

附表3

联络员信息

姓　　名		固定电话	
移动电话		电子邮箱	
身份证件类型		身份证件号码	
（身份证件复印件粘贴处）			

注：联络员主要负责本企业与企业登记机关的联系沟通，以本人个人信息登录企业信用信息公示系统依法向社会公示本企业有关信息等。联络员应了解企业登记相关法规和企业信息公示有关规定，熟练操作企业信用信息公示系统。